노회찬의 말하기

희망으로 도약한 낮고 강한 말

노회찬의
말하기

희망으로 도약한 낮고 강한 말

처음 펴낸날 2019년 12월2일

지은이 강상구
펴낸이 주일우

편집 박우진
디자인 권소연

펴낸곳 이음
등록번호 제2005-000137호 **등록일자** 2005년 6월 27일
주소 서울시 마포구 월드컵북로 1길 52
전화 02-3141-6126 **팩스** 02-6455-4207
전자우편 editor@eumbooks.com **홈페이지** www.eumbooks.com

ISBN 978-89-93166-02-6 13330

값 15,000원

이 도서의 국립중앙도서관 출판예정도서목록(CIP)은 서지정보유통지원
시스템 홈페이지(http://seojin.nl.go.kr)와 국가자료공동목록시스템
(http://www.nl.go.kr/kolisnet)에서 이용하실 수 있습니다.
(CIP제어번호: CIP2019046618)

노회찬의
말 하 기

희망으로 도약한 낮고 강한 말

이음

차례

들어가며_ 어느 날 문득, 많은 사람들이 시장에서,
맥줏집에서, 거리에서 노회찬처럼
말하고 있었다 7

1.
삶으로부터
온 말,
사람 되게
한 말

한 사람 한 사람의 이름을 부른다는 것 16
　－깊이 읽기① 노회찬과 나

대변한다는, 그 무거운 일 28

마음을 얻는다는, 그 절박한 일 32

할 말을 하는, 그 꼿꼿한 일 38
　－깊이 읽기② 노회찬이 신뢰받는
　　　　　　정치인이 되기까지

2.
이런 말들은
그 무엇보다도
세다_
말하기의 기초

혀가 아닌 미간에 힘을 주고 곰곰이_경청 52

진짜 말할 때 쓰는 말로_구어체와 생활 용어 56
　－깊이 읽기③ 노회찬이 애용한 생활 용어

고루 평등하게 말하기의 기본은_짧게 말하기 70

한 마디 한 마디 스타카토를 찍듯_비유① 76

한 단어 한 단어 폭탄을 다루듯_비유② 86

고수는 70퍼센트의 긴장감으로 무장한다_자세 92
　－깊이 읽기④ 노회찬의 말 공부

3.

**맞설 힘을
약자에게 주는
말하기_**
말하기의 실전

나란히 서로의 사전을 맞춰보는 것으로부터_대화 102

당신의 세계관을 배우려는 염치의 발휘_대화 108

칼 없이도 무너뜨리는 풍자의 전술_토론 114

상대의 힘을 역이용하는 되치기 작전_토론 122

그들만의 리그에 잽 날리기_정치 132

갈 때가 된 판은 과감하게 메치기_정치 146

먼 시야를 열어주는 높이 뛰기_정치 154

4.

**감동의 정치는
감응하는
말로부터_**
말하기의 예술

퍽퍽한 마음속에서 풍경을 자아내듯_묘사 164

처진 어깨에 리듬을 싣듯_운율 172

식빵에 끼어 있는 건포도처럼_위트 176

오리고 접붙이고 블록 조립하듯_조어 184
　　－깊이 읽기⑤ 경계의 시선이 드러난
　　　　　　노회찬의 말

삶이 말이 된 이야기들_스토리와 에피소드 202
　　－깊이 읽기⑥ 우리가 사랑한 노회찬의
　　　　　　아이러니 화법

5.

**세상을 바꾸는
말은 무엇이
다른가**

정치가 친절한 언어를 만나면 220

냉소가 아닌 풍자를 하면 사정이 달라진다 228

오직 삶의 흐름 속에서만 말은 그 의미를 지닌다 234
　　－깊이 읽기⑦ 노회찬이 바꾸고자 했던 것들

나가며_ 노회찬처럼 말하려는 모든 이들의
　　　　건투를 빈다 241

들어가며

어느 날 문득, 많은 사람들이 시장에서, 맥줏집에서,
거리에서 노회찬처럼 말하고 있었다

"내가 하는 말은 다 누가 언젠가 했던 말이에요."

노회찬 의원이 사석에서 몇 차례 이렇게 말했었다. 무슨
의미일까 곰곰이 생각을 많이 했다.

2016년 총선에서 나는 전북 김제·부안에 출마했다. 인물
은 괜찮은데 내가 속한 정당이 별로라는 이야기를 하루에도
몇 번씩 들었다. 결국 같은 이야기였지만 표현이 다채로웠다.

"옷 색깔이 별로야. 옷만 바꿔 입으면 참 좋을 것 같은
데……."

시장에서 만난 유권자가 하신 말이다. 처음엔 정의당의 대
표색인 노란색이 싫다는 뜻인 줄 알았다. 개나리도 싫겠네. 저
녁 시간 선거 운동 중 맥줏집에서 만난 분은 "차만 바꿔 타면
딱인데"라고 했다. "다른 집으로 이사 갈 생각은 없어?"라고
하는 분도 계셨다.

문득 사람들 말 속에 노회찬 의원의 표현이 들어있다는 걸 알게 되었다. 많은 사람들이 시장에서, 맥줏집에서, 거리에서 노회찬처럼 말하고 있었다. 평범한 사람들과 함께 그 속에서 사는 정치인들은 그들이 하는 말을 쓰게 되어 있구나, 노회찬 의원의 말의 근원은 '평범한 사람들'이구나, 생각하게 되었다.[1]

평범한 시민들이 사용하는 말, 보통의 사람들이 즐겨 하는 풍자의 언어들이 노회찬 의원의 입을 통해 나올 때, 노회찬 의원은 '표현의 수집가' 같았다.

*

한때 유행했던 광고 카피 '유쾌, 상쾌, 통쾌'는 노회찬 의원에게 딱 들어맞았다. 대한민국 정치를 통틀어, 이 3박자를 모두 갖춰 말한 사람은 노회찬 의원이 유일했다.

노회찬 의원의 말은 유쾌했다. 막장 드라마에 가까운 대한민국 정치를 보며 국민이 웃을 때가 있다면 배우는 항상 노회찬이었다.

노회찬 의원의 말은 통쾌했다. 국민의 마음을 후련하게 해 주었다. 권력을 웃음거리로 만들어, 사람들로 하여금 권력에 맞설 힘을 주는 말을 그는 했다. 그의 촌철살인이 두려운 이들과, 우리는 싸웠다.

노회찬의 말은 상쾌했다. 그의 말은 새로운 시선을 제공했다. 사태의 본질을 드러내는 말, 인간에 대한 이해의 새로운 지평을 여는 말은 숙면을 취한 아침처럼 개운했고, 공기 맑은 숲 속처럼 뇌를 맑게 했다.

이런 말하기를 하는 사람이 변화를 선도한다. 이런 말은 사람들을 감응시킨다. 변화는 감응한 사람들이 함께 움직여야 일어난다. 그러니 노회찬 의원의 말은 변화를 가능하게 하는 말이다.

이 책이 전하는 '노회찬의 말하기'가 평범한 사람들, 없이 사는 사람들, 차별받는 사람들의 새로운 무기가 되었으면 좋겠다. 정치에서뿐 아니라 자신이 사는 모든 공간에서 변화를 추구하고 싶은 사람들은 노회찬처럼 말하라. 직장에서도 집에서도, 마을에서도 노회찬처럼 말하는 사람이 한 명이라도 있다면, 부당한 권력은 맥을 못 출 것이고, 차별과 배제는 설 자리를 잃을 것이다.

"일반적으로 정치인은 주장을 선명하게 하면 불리하다는 판단에서 터부시하는데, 저는 주의주장이 선명한 편이다. 저는 그보다 주장이 어떻게 잘 전달되게 만드느냐가 더 중요하다고 보기 때문이다. 그래서 저는 정치를 '배달 증명'이라고 생각한다. 이야기하고 발표하는 것이 중요한 게 아니고 어떻게 전달되느냐가 중요하다. 평소 주장할 때도 한편으로는 선명히 얘기하지만, 다른 한편으로는 동의하지 않는 사람에게도 쉽고 일상적이고, 감동적으로 전달되도록 노력하는 편이다."[2]

선명한 이야기, 그러면서도 일상적이고 감동적인 이야기. '노회찬 스타일'이다. 이 책에서 나는 노회찬 스타일을 꼼꼼히 들여

다봤다. 그의 말의 무엇이 우리를 그토록 행복하게 했을까.

1부는 노회찬 의원의 '말의 원천'을 다룬다. 말의 핵심은 말재주가 아니라 말의 철학이다. 노회찬 의원의 말은 삶으로부터 나왔다. 그는 현실에 안주하지 않고, 또 다른 현실을 만들기 위해 분투했다. 그 가운데 그는 '투명인간'을 대하는 그 무거운 일을, 마음을 얻는 그 절박한 일을 남다른 모험심으로 해냈다. 때로 그는 권력 앞에 단호했다. 그는 삶으로 말하고, 또 정치로 말했다.

2부는 노회찬 의원의 '말하기의 기초'에 관한 설명이다. 그는 경청을 중요시했다. 말할 때 쓰는 말, 구어체를 사용했다. 청소, 짜장면 같은 일상 용어가 말의 주재료였다. 무엇보다 그는 짧게 말했다. 70퍼센트의 긴장감을 유지하며, 한 단어 한 단어를 스타카토 찍듯이 선명하게 비유했다. 자주 그는 단 하나의 단어로 핵심을 꿰뚫었다.

3부에서는 '말하기의 실전'에 대해 다뤘다. 대화는 서로 코드를 맞추려는 노력과, 상대방의 세계관을 배우려는 염치가 발휘될 때 풍부해진다. 노회찬의 말하기는 토론에서 더 강력하다. 그의 풍자는 칼 없이도 상대를 무너뜨렸고, 논리의 포인트를 변형해가며 상대방의 공격을 능수능란하게 요리했다. 그러면서도 유머를 잃지 않았음은 물론이다. 모두 강자에 맞서 약자가 발휘할 수 있는 무기들이다. 그의 말은 '그들만의 상식'을 여지없이 흔들었고, 그들의 논리를 과감히 뒤집었다. 우리의 시야를 보다 먼 곳을 향하게 만들어주었다.

4부는 이제 '예술'의 경지에 오른 노회찬의 말하기를 설명한다. 그는 말로 그림을 그렸다. 노래를 부르듯 펼치는 그의 말의 운율은 처진 어깨에 힘을 불어넣었다. 상투적인 말에 위트를 불어넣었고, 블록 맞추듯 단어를 떼었다 붙이며 말을 조립했다. 시중의 유행어도, 의학, 생물학, 경제학 등 각종 분야의 다양한 표현도 정치 언어와 조합했다. 흥미진진한 스토리가 그의 입에서 나올 때 모두가 귀를 쫑긋했다.

세상을 바꾸는 말은 무엇이 다른가. 5부는 노회찬 의원의 '말의 힘'이다. 그의 말은 친절했다. 그는 냉소가 아닌 풍자로 정치 혐오 대신 시민들의 정치 참여를 이끌었다. 그 속에서 그는 점점 나은 사람이 되었다. 노회찬 의원은 이런 노력을 통해 불평등과 싸웠고, 차별에 맞섰다.

이 땅에 노회찬처럼 말하는 사람이 늘어나길 바란다. 행복이 퍼지고, 변화가 시작될 것이다.

책을 쓰는 동안 옆에서 격려해주고 응원해준 주현숙 감독께 감사드린다. 내가 가장 좋아하는 다큐멘터리는 언제나 주 감독의 작품이다. 잠들기 전 항상 아빠 옆에 와 한참 수다를 떨다 가는 강주미루 군에게도 고맙다는 말을 전한다. 행복하게 중학생 시절을 보내리라 기대한다.

오랜 정치 선배로서 나의 정치적 진로에 대해 늘 조언을 아끼지 않는 아버지에게도 감사드린다. 여전히 기대에 부응하지 못해 늘 죄송하다. 나의 말과 글은 어머니에게서 물려받았다. 이 재능을 나 혼자 발휘해서 아쉽다. 언젠가 어머니의 삶을 둘이서 함께 기록하리라 다짐한다.

흔쾌히 출판을 허락해주신 이음출판사의 주일우 대표님과

원고를 다듬어주신 박우진 편집자에게 감사드린다.

노회찬 의원의 말은 그의 삶으로부터 왔다. 그의 삶과 함께했던 모든 동료들이 그의 말을 함께 만든 사람들이다. 이 책은 그들이 쓴 책이다.

1 강상구, "'삼겹살 불판론' 히트시킨 노회찬 유머의 비밀",
〈오마이뉴스〉, 2018.10.4. 이 기고 글을 일부 수정함.
2 노회찬, 『노회찬과 삼성 X파일』(이매진, 2012), 107쪽.

1.

삶으로부터 온 말,
사람 되게 한 말

한 사람 한 사람의
이름을 부른다는 것

노회찬 의원은 노동자, 농민, 사회적 약자들이 얼마나 중요한 존재인지를 드러냈다. 마땅히 평등해야 할 '만인'이 누구인지, 그 이름을 구체적으로 불렀다.

"오 후보께서는 혹시 이상림 씨를 아십니까?"

오세훈 후보는 대답하지 못했다.

"양회성 씨 아십니까? 한대성 씨 아십니까? 윤용현 씨 아십니까?"

2010년 서울시장 후보 TV토론에서 노회찬 의원은 그 전해 용산참사 당시 숨졌던 분들의 이름을 하나하나 거론했다. 오세훈 후보는 전혀 모르는 눈치였다.

"김남훈 경사. 이제 아시겠죠? 작년 1월 20일 용산에서 숨진 분들입니다."

"이상림, 양회성, 한대성, 이성수, 윤용현"

세월호 참사는 304명이 죽은 하나의 사건이 아니라 사람이 죽은 304건의 사건이라는 표현을 본 적이 있다. 그래, 그렇구나.

한 사람이 죽는다는 건 그 사람을 둘러싼 우주 전체가 사라지는 일이므로 그렇게 말하는 게 맞겠구나.

이런 시선을 가지면, 가장 먼저 희생자의 이름을 하나하나 살피게 된다. 희생자 한 사람 한 사람이 희생된 사연을 온전히 살펴야 참사의 원인과 구조를 제대로 따질 수 있게 된다. 세월호 합동 분향소에서 희생자 304명의 영정을 일일이 뚫어져라 바라보는 사람들의 마음이 그런 것이었구나.

노회찬 의원이 그랬다. 용산참사 이후 채 며칠이 지나지 않았던 날로 기억한다. 참사 현장 앞에서 벌어진 집회에서 노회찬 의원은, 희생자 한 분 한 분의 이름을 불렀다. "이상림, 양회성, 한대성, 이성수, 윤용헌 님."

당시 참사 대응을 위해 다방면으로 상황 파악을 하고, 관련 기획을 하고 있던 나조차도 아직 제대로 기억하지 못한 이름들이었다.

나에게 용산참사는 분명히 우리 사회의 구조적 모순이 드러난 또 하나의 사건이었고, 해결해야 할 새로운 문제였다. 그러나 거기 사람이 있었다는 사실을 이야기하는 것은 우선순위가 아니었던 것 같다. 나는 노회찬 의원의 말에 무척 놀랐고, 심한 자괴감까지 느꼈다. 누구도 그다지 존경하지 않는 나였지만, 그날 노회찬 의원은 존경하지 않을 수 없었다.

그리고 그로부터 1년 후 용산참사 희생자의 노제 때 일이다. 다시 한 번 노회찬 의원이 연단에 섰다.

"테러를 진압하기 위해 테러 진압 부대에 배속되었다

가 무모하기 짝이 없는 살인 진압 명령에 강제 동원되어 그 참사 과정에서 함께 운명하신 특공대원 고 김남훈 씨, 돌아가신 열사들과 마찬가지로 무허가 건물 옥탑방에서 기거하며 특공대원 생활을 하다 억울한 죽임을 당한 김남훈 씨를 만나시거들랑 위로해주소서. 함께 손을 잡고 보듬어 주소서. 그리고 남은 가족들에게 힘을 주시고 저희들에게 용기를 주옵소서. 사람이 사람답게 사는 세상을 위해 저희들은 남은 혼을 불태우겠습니다."

경찰은 사람을 죽인 자들이었다. 우리는 분명 경찰 희생자까지 돌아볼 겨를이 없었는데, 노회찬 의원은 고 김남훈 씨에 대해 말했다. 돌아가신 분들과 마찬가지로 무허가 건물 옥탑방에 살았다고 했다. 가난한 사람이 권력의 명령으로 가난한 사람들을 진압하다, 가난한 사람들만 모두 죽었다. 그 사실을 이해하지 못하고 용산참사를 어떻게 대면할 것인가.

사람이 사람답게 사는 세상을 만든다는 건 우선 노회찬 의원 같은 시선을 갖추는 일이다. 그때 일이 두고두고 마음에 남았던 나는, 한 TV토론에 나갔을 때, 마지막 발언으로 용산참사 이야기를 꺼냈었다. 차마 사람 이름까지는, 거론할 염치가 없어 말하지 못했다.

이토록 사람을 보는 눈을 닮고 싶다

노회찬 의원이 용산참사 희생자 이름을 하나하나 불렀던 그 집회 이후, 나는 무슨 일에서든 먼저 '사람'을 보기 위해 노력했다.

안산 화랑유원지에 차려졌던 세월호 희생자 합동 분향소에 아이와 함께 들렀을 때다. 영정 사진 하나하나를 들여다보는데, 아이가 한 곳에서 너무나 슬픈 표정으로 한참을 서 있었다.

> "아빠, 애는 나랑 나이가 같아."
> "그러네."
> "근데, 아빠랑 아이랑 다 못 나왔어. 같이 배에 있나봐."

동갑내기 희생자 영정 앞에 아이가 묵념을 했다. 저 진심을 닮고 싶었다.

보다 민감해지고, 예리해질 필요가 있다. 나의 말이 누군가를 소외시키는 건 아닌지, 나의 행동이 어떤 이들을 배제하고 있는 건 아닌지. 다른 건 몰라도 정치를 하려면 그래야 하지 않을까. 우리가 세월호 희생자를 추모할 때 '세월호에서 희생된 학생들'은 물론 '일반인 희생자들'도 잊지 말아야 하는 것처럼 말이다.

말은 재주가 아니라 철학이다

이처럼 노회찬 의원은 말솜씨가 아니라 말의 철학이 훌륭했기 때문에 오랫동안 국민들에게 사랑받을 수 있었다.

노회찬의 말의 근원은 약자와 함께하는 철학이다. 말로만 약자를 위하는 것과 실제 그런 철학을 지니고 사는 건 완전히 다르다.

> "대통령 선거 불법 대선 자금으로 들어간 국회의원 같은 경우에 3선 의원이므로 형을 낮춘다. 한국 경제에 오랫동안 이바지한 바가 크므로 낮춘다. 다 그런 식이에요. 그러면 직장 생활 한 30년 하다가 감호소 들어간 사람 재판할 때 국가 경제를 위해서 30년 동안 노동자로 일해왔기 때문에, 지난 25년 동안 농사짓느라고 땀 많이 흘렸기 때문에 형을 경감한다. 이런 판결 있습니까? 없잖아요."

2004년 총선 당시 민주노동당 비례대표 8번 후보였던 노회찬 의원이 TV토론에서 한 이야기다. 그야말로 '생전 처음 듣는' 논리다.

그전까지 재벌 총수, 국회의원, 변호사 등은 죄를 지었어도, 이런저런 이유로 늘 형을 감경 받았다. 그 유명한 '차떼기' 사건에 대한 판결에서도 그랬다. 2002년 대통령 선거 당시 한나라당이 LG그룹에게서 150억 원이 실린 2.5톤 탑차를 통째로 넘겨받는 방법, 즉 '차떼기'로 불법 정치자금을 받은 사건 말이다.

원래 차떼기는 '화물차 한 대분의 상품을 한꺼번에 사들이는 것'으로, 가락동 농수산물 시장 등에서 배추 같은 채소가 거래되는 방식이다. 이런 방식으로 한나라당은 화폐계의 배추인 만원권을 LG그룹한테 넘겨받았다. 그것도 경부고속도로 만남의 광장에서. '만남'의 새로운 해석이다.

이 사건으로 한나라당 재정위원장 최돈웅 의원이 받은 형은 고작 징역 1년에 불과했는데, 이에 대해 노회찬 의원은 국정감사에서 서울고등법원장에게 이렇게 묻는다.

> 노회찬 의원: 국회의원이 3선이면 감형 사유가 됩니까?
> 김동건 서울고등법원장: 판결문에 그렇게 적혀 있다면 아마 담당 재판장은 그것을 감형 사유로 본 것 같습니다.
> 노회찬 의원: 그러면 6선이면 더 감형 사유가 됩니까?

국회의원 오래 하고 볼 일이다. 노회찬 의원은 또다시 수십 년간 땀 흘려 농사지은 농민이므로, 혹은 수십 년간 산업 발전에 이바지한 노동자이므로 감형한다는 예를 본 적이 있는가, 하고 물었다.

이런 발언으로 노회찬 의원은 우리 사회에서 노동자, 농민, 사회적 약자들이 얼마나 중요한 존재인지를 드러냈다. '법 앞에 만인이 평등해야 하나, 만 명만 평등한 대한민국'에서 마땅히 평등해야 할 '만인'이 누구인지, 그 이름을 구체적으로 불렀다. 사회적 약자와 함께하는 철학이 바탕이 되어야 가능한 일이다.

노회찬 의원의 말을 그리워하는 독자라면 '투명인간'도 기억하시리라.

"이분들은 태어날 때부터 이름이 있었지만 그 이름으로 불리지 않습니다. 그냥 아주머니입니다. 그냥 청소하는 미화원일 뿐입니다. 한 달에 85만 원 받는 이분들이야말로 투명인간입니다. 존재하되 그 존재를 우리가 느끼지 못하고 함께 살아가는 분들입니다."[1]

1   진보정의당 창당대회 대표 수락 연설, 2012.10.21.

노회찬과 나

제아무리 열정적이었던 활동가들도 40대에 접어들면 기개는 사라지고, 현실이 눈에 들어온다. 아이는 점점 크고, 부모로서 이뤄놓은 일은 없으니 마음이 조급해진다. 내가 잘 안다. 40대 후반이고, 진보 정치한다면서 이뤄놓은 일이 없는 대표 사례가 나다. 이걸 버티는 게 쉽지 않다. 하루에도 몇 번씩 '그만 둘까' 생각한다.

그때마다 노회찬 의원이라면 어떻게 했을까, 하고 질문해본다. 평생의 반성과 성찰이 담긴 그의 말을 다시 꺼내본다.

"저는 어쩌면 한 우물 파야 된다는 문제의식을 가지고 한 우물을 판 게 아니에요. 결과적으론 그렇게 보일지 몰라도 실은 체념도 거기에 끼어 있는 것이고, 그 과정에서 결론에 도달한 거죠. 그러다 보니까 마지막에 저한테 남는 건 뭐였는가 하면 어떤 현실성과 합리성이었어요. 이 역시 하다가 안 되면 다른 일을 할까, 라는 생각은 없어졌기 때문에 얻은 습성인지 몰라요. 이 일하는 것만 남아있으니까 이 일을 잘하려면 합리성과 현실성이 있어야겠다. 이런 거죠. 저는 책을 찾아 읽으면서 그런 능력을 길렀다기보다는 저의 판단을 항상 반추해서 검토했어요. 내 판단이 옳았을 수도 있고, 약간 잘못됐을 수도 있고, 또는 완전히 잘못됐을 수도 있는데, 그러면 그때 내가 어떠어떠한 이유 때문에 그런 판단을 했는가. 그때 제대로 살피지 못한 게 무엇이었느냐, 이걸 계속 반복했어요."[1]

노회찬 의원 세대의 고비는 80년대 말~90년대 초반이었다. 현실 사회주의 국가가 망할 때, 운동을 그만두는 활동가들이 많았다. 이상향으로 삼았던 나라들이 사라져버렸으니, 꿈도 사라졌을 터다. 나도 그때가 생생하다. 현장으로 들어갔던 선배들이 운동을 그만두고 사법고시를 보기로 했다는 이야기를 날이면 날마다 들었다.

그런데, 이때도 노회찬 의원은 달랐다.

"우리가 생각했던 이상들이 현실에서 제대로 실현되지 못했던 것이든, 왜곡되었던 것이든, 또는 우리가 알지 못했던 어떤 부작용들이 생겨났는지에 대해서 현장으로 가보자. (…) 나는 92년도에 출소했는데, 바로 가려고 했는데 여권을 안 주더라고요. 그래서 결국엔 96년도에 같이 갔어요. 현장 다 봤어요. 저는 망할 만하니까 망했다는 생각을 갖게 되었지만, 그러면서도 그 사회가 추구했던 여러 소중한 가치들이 함께 떠밀려 내려가는 것을 보면서 굉장히 마음이 아팠습니다."[2]

모두가 현실을 찾아 떠날 때, 노회찬 의원은 또 다른 현실을 만들어내고자 했다. 노회찬 의원은 안주하거나 휘둘리지 않고 꾸준히 자신만의 길을 나아가려고 했다.

'현실'은 도피처가 되기도 하고 삶의 지향이 되기도 한다. 어떤 때 현실은 그 지향의 출발점이다.

노회찬 의원에 비하면 나의 삶은 그에 한참 못 미친다. 하지만 괜찮다. 누구나 노회찬 의원처럼 살 수는 없다. 그러니 그의 말을 되짚으며 그가 살았던 삶의 방식을 흉내내려 노력할 뿐이다. 방탄소년단을 따라 추는 춤이 친구들을 즐겁게 한다면 그걸로 만족이다. 유명 셰프를 흉내내 만든 음식도 내 입맛에만 맞으면 맛있다.

그러니 노회찬 의원이 자신의 삶을 살았듯 우리 역시 각자의 현실에 천착해 자신의 삶을 살자.

힘든데 참기만 하거나, 자신의 책무를 다하는 데 지나치게 얽매이지 않아도 된다. 그보다는 지금까지 살아온 자신의 인생을 응원하자. 후회 없이 한 우물만 파는 사람이 어디 있나. 사람은 누구나 철저하려 해도 허술하고, 불굴의 의지를 추앙하면서도 실제로는 체념으로 뒤범벅된 인생을 산다. 완벽하지 않으니 늘 자신의 판단을 돌아보고, 삶을 반추한다. 노회찬 의원이 그랬던 것처럼 말이다. 우리가 몰두하는 삶이란 그런 것이다.

그러니 이 책을 읽는 누구든, 여기까지 왔으니 잘했다고 스스로 칭찬하시라. 오랫동안 삶을 반추해온 모두가 존엄하다. 그렇게 하면서, 자신만의 또 다른 현실을 만드는 법이니까. 나는 자신의 삶을 살았던 노회찬 의원을 존경하고, 나의 삶을 살고 있는 나를 존중한다.

1 노회찬 외, 『진보의 재탄생−노회찬과의 대화』(꾸리에, 2010), 134~135쪽.
2 앞의 책, 128쪽.

대변한다는,
그 무거운 일

메시지에 부끄럽지 않게 살아온 사람의 말은 무엇보다 세다. 삶의 힘이다.

정치인으로서 누군가를 '대변한다는 것'. 쉬운 일이 아니다. 매우 겸손해야 하고, 무한한 책임을 져야한다. 그러므로 함부로 나서면 안 되는 일이다.

우리가 함께하고 싶어하는 사람들은
우리를 모른다

2010년 4월, 구로디지털단지 내 어느 건물의 구내식당에서 노회찬 의원은 그 일대의 젊은 노동자들과 함께 식사했다. 정보통신의 날이었다. 전날 노회찬 의원이 트위터에 "밥이나 같이 먹자"고 올렸더니 30명이 호응을 했다.

당시 진보신당의 구로 지역위원장이었던 나도 노회찬 의원의 점심 번개에 함께 나갔다. 이날을 기억한다. 밥값은 각자 내는 자리였다.

"제가 놀랐던 게, 재작년에 촛불 집회를 막 했잖아요. 그것 자체를 모르시는 분들이 많았어요." 나는 2008년 광우병 촛불 집회의 한가운데에서 몇 달을 살았던 터라, 젊은 직장인의 이런 말은 생경했다. 바로 옆의 다른 노동자가 부연 설명을 했다. "새벽에 나와선 한밤중에 들어가니까 모르지 뭐. 뉴스도 안 보고."

그 왁자지껄했던 촛불 집회를 모르다니, 대한민국에 그런 노동자들이 있다는 것, 우리가 대변해야 하는 사람들은 그런 사람들이라는 사실이 중요했다.

노회찬 의원도 비슷한 말을 한 적이 있다.

"얼마 전에 오후 3시쯤 넘어서 늦은 점심 먹으러 식당에 갔는데, 식당 아주머니들 10여 명이 식사를 하고 있었어요. 자기들 밥 먹는데 늦은 손님이 오니까 좀 안 좋은 표정이었죠. 그러다 식당 주인이 들어왔습니다. 저를 보고 반색하면서 아주머니들에게 저 분 몰라? 하고 묻는데, 아주머니들 한 명도 저를 모르는 거예요. 제가 선거 때 만난 어느 30대 일용직 노동자를 국회의원 후보로서 가서 악수했는데도 모르고, 설명을 해도 잘 못 알아듣고, 나중에 미안한 듯 하는 얘기가 자신은 아침부터 밤늦게까지 일하기 때문에 아는 정치인이 박근혜 씨 하나밖에 없다는 것이었습니다."[1]

우리가 함께하고 싶어 하는 사람들은 우리를 모른다. 노회찬 의원은 이런 분들을 "투명인간"이라고 부르기도 했지만, 투명인간은 우리였다. 우리는 그분들 삶에 존재하지 않았다.

그의 말은 이 땅의 모든 투명인간을
드러내기 위한 것이었다.

"같이 삽시다. 그리고 같이 잘 삽시다."

2016년 7월 국회 비교섭단체 대표연설에서 노회찬 의원이
한 말이다. 특별히 대단한 말이 아니다. 그러나 큰 울림을 주었
다. 노회찬이 한 말이었기 때문이다. 그때 이렇게도 말했다.

"제가 있는 의원회관 5층을 청소하는 청소노동자 중
한 분에게 여쭤보니 새벽 6시에서 오후 4시까지 일하면서
약 130만 원 가량의 월급을 받습니다. 주말에 특근까지 해
야만 약 140만 원 조금 넘는 액수를 수령할 뿐입니다. 국
회의원 세비를 반으로 줄이더라도 우리나라 노동자 평균
임금의 3배, 최저임금의 5배 가까운 액수입니다."

노동자의 처지를 이해하는 사람, 그들과 언제나 함께하는
사람, 그 자신이 노동자로 살아왔던 사람이 지적하는 이런 말
들은 그 무엇보다 세다. 메시지에 부끄럽지 않은 삶을 살아온
사람만이 가질 수 있는 힘이다.

---

1   노회찬 외, 『진보의 재탄생−노회찬과의 대화』(꾸리에, 2010), 400쪽.

마음을 얻는다는,
그 절박한 일

노회찬 의원은 자신의 역사적 책무를 '모험심'이라고 불러 그 일의 책임을 온전히 자신의 것으로 삼았다.

노회찬 의원의 촌철살인은 어떻게 만들어졌을까. 처음에는 '현실적 필요'에 의해 시작됐다.

> "노동조합 하면 큰일날 것으로 아는 사람에게 노동조합의 단결이 왜 필요한지를 설명하면서 보통의 경우처럼 말하면 1분도 듣지 않고 가버립니다. 얘기가 쉽고 재미있어야 합니다. 재미 속에 내용이 있어야 하고 무엇보다 들은 뒤 머릿속에 남는 게 있어야 합니다. 거기까지 생각하고 얘기하는 거죠. 그게 우리 활동이었고 직업이었으니까."[1]

그의 촌철살인 역시 깊은 고민의 산물이다. 노동자들과 대화하기 위해 쉽고 재밌게 이야기하기, 그 속에 내용을 담기. 그는 끝없이 고민했다.

현실적 한계와 남다른 모험심이
촌철살인의 어머니

한 구로디지털단지 노동자가 2008년 총선 때 안 뽑아준 국민들을 원망한 적은 없느냐고 질문했더니 노회찬 의원은 이렇게 답했다.

"처음 정치 시작할 때 결심한 게 있습니다. 어떤 경우에도 국민 탓을 하지 않겠다. 왜냐하면 국민 탓을 하면 제가 할 게 없어요."

질문이 이어졌다. "소수 정당에서 정치적 힘이 부족해서 한계가 있잖아요. 어떻게 에너지를 유지해서 정력적으로 정치 활동하시는지 그 비결이 뭔가요?"

"미래에 대한 꿈이죠. 희망이 있기 때문에 (…) 사람들이 정치하려면 큰 당에 가서 하지 왜 조그만 당에서 고생하느냐 (이렇게 말하는데요). 저는 그렇죠. 대기업에 입사하는 것보다 저는 제가 창업해가지고 그걸로 한번 승부 걸고 싶은 그런 모험심도 있는 것이고…."

"한번 승부 걸고 싶은 그런 모험심"이라는 말에 무척 놀랐던 기억이 있다. 남이섬 번지점프 할 때나 사용하는 말이 진보정치에 처음 등장한 순간이다. 노회찬 의원을 포함해, 우리 세대의 활동가들은 모두 '모험심'이 아니라 '의무감'으로 움직이는 사람들이었다. 하고 싶어서 하는 일이 아니라, 해야 하니까 하는 사람들이었다.

그런데 '모험심'이라니, 해야 해서 하는 일을 하고 싶어서 하는 일로 규정하는 순간, 그때부터 일의 책임은 전적으로 나에게 있다. 일이 잘못되면 국민 탓이 아니라 내 탓이다. 어떤 경우에도 국민 탓을 하지 않던 노회찬 의원은, 자신의 역사적 책무를 '모험심'이라고 불러 그 일의 책임을 온전히 자신의 것으로 삼았다.

그렇게 보면 그의 이런 행동도 충분히 이해할 수 있었다. 블로그를 만들 때의 일이다.

> "어디다 개설할까 의견을 구하니 '다음'에 하라는 의견이 많다. 네이버는 '촛불 든 사람들'이 덜 선호한다고 한다. 그 말을 듣고 네이버에 블로그를 개설했다."(〈난중일기〉, 2008년 7월 21일)[2]

남들 같으면 죄다 '다음'에 블로그를 개설했을 것이다. '모험심'이 있다는 말은 이런 작은 일에서도 확인된다. 어쩌면 이게 사람을 대변하는 자의 자세이다.

얼마나 사람들의 마음을 사로잡는가,
사람들의 삶에 그것은 얼마나 절박한 문제인가

진보 정치의 길은 고되다. 우리는 자신을 진보 정당이라고 부르지만, 세상에선 우리를 소수 정당 혹은 군소 정당이라 부른다. 부족한 정치적 힘이 언제나 아쉽다. 올바른 일을 하고 있는데, 왜 알아주지 않는가. 세상은 문제투성이인데, 왜 사람들은 먹고 살 일만 걱정하는가. 치기 어린 초보 활동가만 하는 불평이 아니다. 어느새 "일단 힘을 갖추고 세상을 바꾸자"는 논리가 꽤 매력적으로 들린다. 당을 옮긴다.

그뿐만이 아니다. 진보 정당 안에서는 흔히 '보다 급진적이어야 한다'와 '보다 대중적이어야 한다'는 두 가지 생각이 경쟁한다. 급진적인 건 대중적이지 않고, 대중적인 건 급진적이지 않다는 오해 때문에 생기는 일이다. 이 때문에 진보 정당의 어떤 분파는 대중성을 잃더라도 급진적 주장을 해야 한다고 말하고, 어떤 분파는 대중성을 얻기 위해 급진성을 좀 줄여야 한다고 말한다.

노회찬 의원은 생각이 달랐다.

> "얼마만큼 급진적이냐 아니냐의 문제가 아니라, 얼마만큼 사람들 마음을 사로잡느냐, 또 그에 앞서 사람들의 삶에 그것이 얼마나 절박한 문제인가가 사회적 진보를 실현하는 갈림길이라고 생각합니다." "그런 점에서 진보적 가치를 자꾸 후퇴시키는 방향이 아니라 그것을 현실에서 절박하고 설득력 있는 제안으로 만들어가는 노력을 해야 하는 것이지요."[3]

진보적 가치를 현실에서 절박하고 설득력 있는 제안으로

만들어가는 노력, 이를 통해 결국 사람들의 마음속에 들어가는 것. 그것이 노회찬 의원이 투명인간을 대변하는 방식이었다. 무엇보다 지금은 미약하나, 끝은 창대하리라는 모험심을 가지고 말이다.

1 황호택, 「여의도 입성한 '토론의 달인' 노회찬 민주노동당 사무총장」, 『신동아』 537호, 2004년 6월. 246~265쪽.

2 노회찬, 『노회찬의 진심』 (사회평론, 2019), 259쪽.

3 노회찬 외, 『진보의 재탄생-노회찬과의 대화』 (꾸리에, 2010), 166쪽.

할 말을 하는,
그 꼿꼿한 일

진짜 거침없이 말한다는 것은 두려움 없이 권력과 싸운다는 의미다.

철학과 신념이 있다는 것이다.

국민을 향해, 노회찬 의원의 말은 항상 따뜻했다. 그러나 그의 말은 권력 앞에선 단호하고 예리했다. 주저 없이 할 말을 했다. 정치 권력, 경제 권력, 사법 권력 등 어떤 기득권도 그의 예봉을 피해갈 수 없었다. 그의 촌철살인 중 상당수는 권력 비판이었다.

정치인의 말은 어때야 하는가

노회찬 의원의 거침없는 말에는 국민을 온전히 대변하는 이만이 가질 수 있는 자신감이 묻어나왔다. 삼성 X파일 떡값 검사 명단을 공개하며 했던 말이 대표적이다.

"나를 기소하고 싶은가? 기소하고 싶으면 그렇게 하라. 국회의원이기 이전에 나는 대한민국 국민이다. 국민의

한 사람으로서, 우리 국민이 꼭 알아야 할 내용은 알리는 것이 도리다. 나라와 국민에게 도움이 되고 옳은 일이라면, 법의 잣대에 개의치 않고 나는 한다."[1]

이 일을 계기로 노회찬 의원은 지독한 고난의 길을 걷게 된다. 그는 3선 의원이었지만 의원직 상실 등으로 인해, 실제 의원직을 수행한 기간은 고작해야 7년에 불과하다.

하지만 의원직을 상실하는 바로 그 순간에도 그는 정치인의 말이 어때야 하는지를 보여줬다.

"다른 사람들 4년 고생해서 졸업하는 것을 제가 8개월 만에 졸업을 해서, 조기 졸업을 했다고 생각을 하고 있고요." "국민들로부터는 무죄 판결을 받았기 때문에 마음은 든든합니다."[2]

의원직 상실을 조기 졸업에 빗대는 당당함이라니. 공천에 몸을 내던지고, 의원직에 영혼까지 파는 평범한 국회의원들은 도무지 도달할 수 없는 경지다.

그래서 그의 말은 단순한 유머가 아니라, 거대한 품격이었다. 멋진 말이 아니라 멋진 정치로 그는 당당했다. 권력과의 투쟁 그리고 존엄을 훼손당한 사람과 함께하려는 부단한 노력이 그 원천이었다.

단호한 말은 막말과 어떻게 다른가

"국민 여러분, 그리고 유권자 여러분들, 과반수가 넘는 강력한 거대 여당에 대해서 걱정하지 마십시오. 다른 당은 이 문제를 해결하지 못하지만 민주노동당이 있습니다. 민주노동당이 제1야당으로서 잘 견제하고 발전시키겠습니다."[3]

노회찬 의원은 흔히 '유머와 위트'로 기억되지만, 정작 그의 말의 알맹이는 단호함과 자신감이었다. "삼겹살 불판을 바꿔야 한다", "민주당과 한나라당은 역사에서 퇴장하라" 같은 어록이 그 증거다.

자신감 있게, 거침없이 말하는 것은 막말을 하는 것과는 다르다.

남의 눈치 안 보고 기분대로 말하는 사람들이 주로 막말을 한다. 대개 권력 있는 자들이 그렇다. 남의 기분과 입장이야 신경 쓸 일이 없다. 생각나는 대로 떠벌이면 그만이다. 재벌 2세 화법이다. 대한민국에는 이런 종류의 정치인들이 꽤 있다.

진짜 거침없이 말한다는 것은, 국민을 대변하는 데 망설임이 없다는 뜻이다. 두려움 없이 권력과 싸운다는 의미이다. 철학과 신념이 있다는 것이다. 이런 정치인의 말하는 태도에는 주저함이 없다.

"우리는 개인이 아니라 국민을 대표해서 이 자리에 와

있습니다. 우리가 삼성그룹 이건희 회장을 "부를 자격이 없다"라는 얘기는 바로 "우리 국민들이, 우리가 대표하는 우리 국민들이 삼성그룹 이건희 회장을 부를 자격이 없다"라는 얘기와 마찬가지이기 때문에 받아들일 수 없습니다."[4]

거침없이 말하는 철학과 신념은 뒤에 그를 응원하는 국민이 있을 때 빛을 발한다. 그럴 때 화자인 정치인은 "국민을 대표한다"라는 말을 그 뜻 그대로 실행한다. 국민의 지지를 믿고 거악과 싸우는 정치인은 국민으로부터 더 큰 신뢰를 얻을 수밖에 없다.

"노회찬 님이 아니고선 어느 누구도 할 수 없는 일입니다. 모든 의혹은 국민들이 알아야 된다고 생각됩니다. (…) 본인의 위험을 무릅쓰고 떡검사들 실명 공개하신 거 자랑스럽습니다."

"국민만 믿고 전진하십시오. 당신의 선택 잘하신 겁니다."

"눈물이 나려고 합니다. 정말 훌륭하십니다. 국민을 대변하는 국회의원이라면 당연히 해야할 일입니다."[5]

삼성 X파일 떡값 검사 명단을 공개한 후 인터넷에서는 노회찬 의원에 대한 응원과 지지가 넘쳤다. 이런 신뢰를 받아본 국회의원은 거침없이 말한다.

1 '삼성 X파일 자료 실명 공개'와 관련한 검찰의 기소 공언에 대한
 노회찬 의원의 '입장' 회견문, 2005.8.18.

2 〈시사돌직구〉, JTBC, 2013.3.25.

3 〈KBS 심야토론〉, KBS, 2004.4.3.

4 제17대 국회 법제사법위원회 전체 회의, 2006.10.17

5 노회찬 국회의원 사무실, 「법은 만 명한테만 평등하다」, 『정보와 사람』,
 32쪽, 2007.8.3

노회찬이 신뢰받는 정치인이 되기까지

"너무 부지런해서 같이 싸우기 피곤하다."

심상정 의원이 노회찬 의원을 평가한 말이다.[1] 2011년 한 진중공업 정리해고 문제로 노회찬 의원이 심상정 의원과 함께 단식투쟁을 했을 때다. 그때까지 내가 아는 가장 부지런한 사람은 심상정 의원이었다. 산 뒤에 더 높은 산이 있었다.

한여름 뙤약볕 아래에서 무려 30일을 단식했다. 노회찬 의원은 흐트러짐 없이 단식을 마쳤고, 단식하는 중에 TV토론에도 출연했다. 홀쭉하게 마른 얼굴에 모시옷을 입고 토론하던 모습이 눈에 선하다.

정치판에서는 메신저 자체가 메시지다

기자는 기사로 말하고, 판사는 판결로 말한다. 그러면 정치인은?

정치는 말로 하는 것이다. 그러나 오해가 있다. 정치는 말로만 하는 것은 아니다. 정치인은 정치로 말해야 한다. 말은 정치의 중요한 부분이지만, 말보다 중요한 게 행동이다.

무엇보다 자기 본연의 활동을 제대로 해야 한다. 집에서도 회사에서도 노동 현장에서도 그렇다. 노동조합을 예로 들면, 성실하게 일하는 사람이 노동조합 조직도 잘하는 법이다. 그런 사람이 신망을 얻기 때문이다. 일은 안 하고 게으른 사람이 "우리의 권리를 찾읍시다"라고 외쳐서 노조 조직이 가능했다면 베짱이도 여왕개미를 할 수 있다.

지역사회 정치에서도 똑같다. 소속 정당의 간판이 아니라 정당을 대표해 활동하는 사람의 됨됨이가 중요한 이유가 이 때문이다. "사람 참 성실하더라", "사람이 됐더라"는 평가를 받는 것이 핵심이다.

메신저가 사회적으로 신뢰를 얻은 사람인가, 가 중요하다는 것은 곧 메신저 자체가 메시지라는 뜻이다.

노회찬 의원이야말로 말하기 이전에 행동하는 사람이었다. 심지어 그는 공장에서 용접공으로 일할 때도 그랬다.

> "나의 경우, 용접 기술을 인정받아 대우는 조금 나은 편이었다. 첫 직장인 보일러 공장에서도 초임은 일당 5,000원을 받았다. 키친아트로 유명한 경동산업 초임이 1,800원이던 시절이었다."[2]

노회찬은 신용불량자였다

사람들은 대개 말하는 대로 행동하기보다는 살아온 대로 행동한다.

독재자 아버지를 추억하는 정치인이 말하는 '민주주의'는 립서비스다. CEO 출신 대통령이 노동자들을 위한 나라를 만들겠다고 말한다면 거짓말이다.

집 부자가 국토교통부 장관이라면 보통 집값 상승에 일익을 담당한다. 이런 일이 대부분의 정부에서 반복됐다. 성장론자가 서울시장이 되면 녹색성장이란 명목으로 한강 주변의 나무를 뽑는다. 오세훈 전 시장이 실제 한 일이다. 그때 내가 다니던 자전거길에서 나무가 사라졌다. 출퇴근할 때마다 녹색이란 무엇인가에 대해 번뇌했다.

'평균 재산 40억 이상, 50대 비장애인 남성.' 대한민국 국회의원의 표준이다. 국회가 누구를 위해 일할지 알 수 있는 지표다.

반면 노회찬 의원은 평범한 생활인이었다. 보통 사람들처럼 살았다.

> "빚이 많아요. 『매일노동뉴스』라는 일간지를 10년 했거든요. 가격을 올릴 수 없어 적자를 봤어요. 부채가 1억 원이 넘습니다. 선관위에 후보 등록할 때 자산과 부채를 합하니 700여만 원 플러스로 나오더군요."[3]

2004년 국회의원 당선 직후 언론과의 인터뷰에서 한 말이다. 노회찬 의원은 신용불량자였다. 자산과 부채를 합해 마이너스가 나오지 않은 게 다행이었다.

1년 후 다른 인터뷰에서 노회찬 의원은 이렇게 말했다.

> "공직 생활하려면 신용불량은 넘어서야겠다 싶어서 (돈을) 갚았다. 지금은 신용불량은 아닌데 카드 발급 제한

조치다. 국회에 농협이 있다. 저보고 통장 만들라고 하면서 직원이 좋은 카드 만들어준다고 했는데 나중에 "죄송하지만 은행업 협회에서 제한해서 대상이 아니다"라고 하더라."[4]

"일단 노회찬이 얘기하면, 다 재밌다"

노회찬 의원은 한편으로는 풍요로운 삶을 살았다. 자신의 인생을 변주하는 힘이 그에게는 있었다. 하나의 길을 꾸준히 가면서도, 삶의 다양한 측면을 풍요롭게 가꾸는 힘 말이다.

예전에는 "취미가 뭡니까?" 물으면, 죄다 독서나 음악 감상이라고 대답했다. 가끔 영화 감상도 등장했다. 국민 누구나 유행처럼 말하는 이 '취미들'을, 노회찬 의원은 마치 당 활동하듯이 열심히 했다.

"고등학생 때는 그해에 개봉한 영화를 모두 본 적도 있어요. 노트에 감독 이름도 적고, 나름 별점도 매기고."
"당시에는 소설 월간지가 있었는데, 4개를 정기구독했고 그해에 발표된 단편 문학을 모두 읽은 해도 있었어요."

"음악회는 입장료가 비싸니까 못 다녔지만 전시회는 공짜니까 국전을 포함해서 전부 다녔고요."[5]

시작했다 하면 몽땅 다 보고, 전부 다 다녔다. '문화인 고시'

같은 게 있었다면 노회찬 의원이 수석 합격했을 것이다.

노회찬 의원이 공적인 자리 밖에서도 청산유수인 때가 있었다. 술자리에서 요리 이야기, 낚시 이야기를 할 때였다.

"진짜 박학다식하더라고. 고등어가 많이 잡히는 곳은 어딘지, 어느 동네는 무슨 물고기가 많이 잡히는지 이런 얘기들이 끊임없이 나와. 가끔 난류인지 한류인지, 바닷물 방향이 이쪽에서 오는지 저쪽에서 오는지 정도가 틀릴 때도 있지만 대개는 다 맞았어. 사실 관계가 뭐가 중요해. 일단 노대표가 얘기하면 다 재밌는데."[6]

어느 자리에서 들은 이야기다.

노회찬 의원의 삶은 풍부한 취향의 선율과 리듬으로 가득했다. 그 힘으로 말도 변주했다.

1 천관율, 「노회찬·심상정 "이정희, 진정성 가져라"」, 『시사IN』 205호,
　2011.8.23.

2 구영식·노회찬, 『대한민국 진보 어디로 가는가』 (비아북, 2014), 60쪽.

3 황호택, 「여의도 입성한 '토론의 달인' 노회찬 민주노동당 사무총장」,
　『신동아』 537호, 2004.6. 246~265쪽.

4 권박효원·이민정, "노회찬 "내 토론 맞상대는 유시민과 홍준표"",
　〈오마이뉴스〉, 2005.3.3.

5 조민준, 「[talk show]"1년 개봉작 몽땅 본 적도 있어요"」,
　『씨네21』 729호, 2009.11.17.

6 강상구, "빨간색 때문에 한국당 침몰? 그들이 숨기고 싶은 진짜 이유",
　〈오마이뉴스〉, 2018.10.18. 이 기고 글을 일부 수정함.

2.

이런 말들은
그 무엇보다 세다_
말하기의 기초

혀가 아닌 미간에
힘을 주고 곰곰이_
경청

'남이 한 말'을 '내가 한 말'로 만들기 위해서는 잘 들어야 한다.

그래야 상대방의 생각도 표현도 내 것이 된다.

노회찬 의원은 회의 때도 먼저 말을 하는 경우가 별로 없었다. 회의 자리에서 미간에 약간 힘을 주고, 참석자들에게 집중하던 노회찬 의원의 얼굴이 떠오른다. 경청이었다.

"우선 들어야 한다. 또 전달받는 쪽에서 무엇을 요구하는지 어떤 생각과 처지에 있는지 파악하는 게 우선이다. 잘 안 듣거나, 원하는 것만 듣다 보면 이야기할 때 자기 합리화 속에서만 이야기하는 현상이 생긴다."[1]

대화의 절반은 귀 기울여 듣기다

무엇보다 '경청'이 중요하다. '남이 한 말'을 '내가 한 말'로 만들기 위해서는 잘 들어야 한다. 그래야 상대방의 생각도 표현도 내 것이 된다.

언젠가 노회찬 의원이 직접 경청에 대해 견해를 밝힌 적이 있었다.

"경청이란 귀를 기울여 듣는 것을 말합니다. 귀를 기울이려면 머리를 숙여야 합니다. 국민들을 가르치겠다는 자세에선 경청이 불가능합니다. 기자회견과 강연에선 경청이 안 될 것입니다. 그래서 경청은 대화의 절반이기도 합니다."(〈난중일기〉, 2007년 2월 20일)[2]

시작이 반이라더니, 대화의 시작이 경청이었다. '자신의 말'을 위해서는 '남의 말'에 집중해야 한다. '듣기'는 어쩌면 말의 자세라기보다 말의 철학에 가깝다.

엘리트가 주도하는 한국의 정치에서, 정치인들은 주로 잘난 사람들이다. 잘난 사람들은 주로 자기 의견을 강하게 말하고, 남을 이기려 든다. 그런 강한 말들의 홍수 속에서 노회찬 의원의 말이 돋보였던 것은, 화려한 언변을 펼치기 이전에 그가 늘 경청했기 때문이다.

경청을 통해, 타인의 생각의 섬세한 결을 이해하고, 생각의 주파수를 일치시킬 수 있는 사람들만이 할 수 있는 이야기를 그는 했다.

1   노회찬, 『노회찬과 삼성 X파일』(이매진, 2012), 107쪽.
2   노회찬, 『노회찬의 진심』(사회평론, 2019), 207쪽.

진짜 말할 때
쓰는 말로_
구어체와 생활 용어

구어체에는 가면을 벗기는 힘이 있다.

'말할 때 쓰는 말'로 풀어 말하는 순간 의미가 보다 명확해진다.

말할 때는 '말할 때 쓰는 말'을 써야 한다. 구어체를 사용해야 한다는 말이다. 당연하다. 축구를 할 때 공을 발로 차야 하는 것과 같은 이치다.

그런데 의외로 이게 쉽지 않다. 깊이 있는 내용을 쉬운 말로 하는 것은 더 그렇고, 원고를 준비하는 경우엔 더 그렇다.

구청장님 말투는 버리자

원고는 글이다. 원고를 쓸 때는 주로 이런저런 자료를 참고하게 되어 있다. 참고 자료도 글이다. 게다가 공식적인 자리에서 발언을 하려고 하면 반드시 몸에 알게 모르게 익숙해져 있는 공식적인 말투가 튀어나오게 되어 있다. 이것도 말보다는 글에 가깝다.

참고한 글 혹은 몸에서 나도 모르게 나오는 글이 반영되어

원고라는 '글'이 되고 그걸 말로 하려니 입에서 글이 나온다. "친애하는 주민 여러분", "바쁘신 가운데에서도 이렇게 자리해 주신 데 대해 깊은 감사를 드립니다" 같은 구청장님 말투는 그래서 나온다.

> "돈 많이 벌어서 비싼 음식 먹은 거 누가 탓합니까. 그런데 옆에서 굶고 있다는 겁니다. 옆에서 굶고 있는데 암소 갈비 뜯어도 됩니까? 암소 갈비 뜯는 사람들 불고기 먹으라 이거예요. 그럼 옆에 있는 사람 라면 먹을 수 있다 이거예요."[1]

노회찬 의원의 어록 중 하나다. 이런 게 말할 때 쓰는 말, 구어체다.

구어체에는 가면을 벗기는 힘이 있다

구어체와 문어체는 확실히 다르다. 일단 두 가지 점에서.

첫째, 구어체는 문장이 짧다. 문어체에서도 문장이 짧아야 좋지만, 확실히 구어체에서 문장이 길면 곤란하다. 그래서 구어체의 문장 구조는 단순하다.

둘째, 한자로 된 단어가 구어체에서는 많지 않다. 문어체와는 정반대다. 예를 들어보자. '해수면이 상승합니다.' 문어체다. 우리가 평소에 말할 때는 '바닷물이 높아집니다'라고 한다. 구어체다. 될 수 있으면 한자로 된 단어를 사용하지 않고, 최대한 평이한 단어를 써야 한다. 구어체의 핵심이다.

노회찬 의원이 위에서 언급한 말 대신 "부유층이 고가의 음식을 먹는다고 탓할 사람 없습니다. 그런데 인근에 빈곤한 사람이 있습니다" 이런 식으로 말했다고 생각해보자. 문어체다. 얼마나 재미없나.

구어체에는 힘이 있다. 어떤 사안을 '말할 때 쓰는 말'로 풀어 말하는 순간, 사안의 의미가 보다 명확해질 때가 많다.

삼성그룹이 X파일 사건 당시, 8천억 원 가량의 사회기금을 헌납한다고 발표한 적이 있다. 이때 노회찬 의원이 일갈했다.

> "'여하튼 물의를 빚어 미안하니 돈 좀 내놓겠다' 한다면 이는 법치국가에 대한 모독이다." (〈난중일기〉, 2006년 2월 7일)[2]

사회 헌납이라니 그럴듯 해 보인다. 그러나 "돈 좀 내놓겠다"라고 말하는 순간 삼성그룹의 저의가 바로 드러난다. "돈 좀 내놓겠다"는, 비판적 뉘앙스가 살짝 추가되기는 했어도, '사회 헌납'을 구어체로 옮긴 말이다. 구어체는 말에 들어있는 가면을 제거한다. 진짜 의미를 드러낸다.

내 말을 '카페체'로 바꾸는 비법

문어체와 구어체를 어떻게 구분할까. 쉽지 않다. 입에서 글이 아니라 자연스러운 말이 나오게 하려면 말을 많이 해보는 수밖에 없다. 그냥 말을 많이 하는 게 아니라 남들 앞에서 말을 많이 해봐야 한다.

그래도 비법이 없을까. 나만의 비법이 있다.

구어체는 카페에서 수다 떨 때 하는 말이다. 나는 구어체를 '카페체'라 부른다. 술 좋아하는 사람의 경우에는 맥주 좀 마시고 말이 술술 나올 때, 그럴 때 사용하는 말이 구어체다.

내가 하는 말이 구어체인지 문어체인지 알려면, 지금 사용하는 말을 카페나 맥줏집에서 친구들을 만났을 때도 쓰는지 점검해보자. '마이크만 잡으면 입에서 글이 나오는 습관'을 없앨 수 있다.

나는 '강의하는 법', '말하기' 강사이기도 한데, 강의 중 겪은 일을 예로 들어보겠다. 참가자 한 분이 이렇게 말했다.

"그래서 특정 음식물을 수개월간 지속적으로 섭취한 결과 체중이 무려 10킬로그램이나 감량되는 효과를 보았다고 합니다."

자, 생각해보자. 카페에서 오랜만에 친구를 만났다. 친구가 살이 좀 빠져 보인다. 그럴 때 우리는 이렇게 말하는가?

"너는 도대체 지난 수개월간 어떤 특정 음식물을 지속적으로 섭취한 결과 체중이 무려 10킬로그램쯤 감량되는 효과를 보았니?"

절대 그렇게는 안 한다. 대신 이런 식으로 말할 것이다.

"어? 살 빠졌네? 뭘 먹었어? 몇 개월이나? 몇 킬로 빠졌는데?"

이런 게 구어체다. 하나의 문장이 네 개로 쪼개졌다. 한자로 된 단어는 거의 사라졌다. '수개월', '특정', '음식물', '지속적', '섭취', '체중', '무려', '감량', '효과' 이런 단어들이 사라져도 얼마든지 의사소통이 가능하다. 오히려 이런 단어들을 쓰지 않아야 말이 훨씬 잘 통한다.

노회찬 의원이 '부유층'을 '돈 많이 벌어서'로, '고가의 음식'을 '비싼 음식으로', '빈곤'을 '굶고 있다'로 말한 것처럼 말이다.

주재료는 생활 용어

말의 재료는 생활 속에서 건져 올려야 한다.

노회찬 의원이 삼성 X파일 사건으로 의원직을 상실하고 치러진 보궐선거에 안철수 후보가 출마했을 때다. 비판이 많았다. 국민적 인기를 끌고 있는 안철수였다. 당연히 다른 선거구에 출마해도 충분히 당선될 수 있었다. 억울하게 의원직을 잃은 노회찬 의원의 지역구라니. 노회찬 의원은 안철수 후보를 이렇게 비판했다.

"동네 빵집으로 어렵게 이룬 상권에 대기업 브랜드가 들어오는 그런 상황."[3]

맞다. 동네 빵집.

지금 같은 정치 구도에서는 진보 정당이 지역구에서 살아남기가 정말 어렵다. 그 어려운 일을 해낸 노회찬 의원이 삼성과 사법 권력의 힘에 밀려 의원직을 잃었다. 그곳을 차지하러 들어오는 안철수는 비판받아 마땅했다. 그 비판에 생활 속에서 자주 만나는 용어와 개념이 동원됐다.

1 〈SBS대토론 '이것이 여론이다'〉, SBS, 2004.4.9.
2 노회찬,『노회찬의 진심』(사회평론, 2019), 168쪽.
3 〈고성국의 아침 저널〉, BBS, 2013.3.4.

노회찬이 애용한 생활 용어

노회찬 의원이 애용한 용어는 학교 및 학생 그리고 소고기였다. '청소'도 이따금 사용했다. 노회찬 어록이라는 요리의 주재료다.

학교, 소고기, 청소

"한나라당과 민주당의 노 대통령 탄핵은 길 가다가 부딪혀서 사과 안 했다고 칼로 찌르는 불량 학생과 뭐가 다릅니까?"[1]

"학교에서 학생들이 이 정도로 학생의 본분을 갖다 다하지 못하면 유기정학 내지 무기정학입니다. 우리나라 국회의원들이 우리 국민들이 보기에는 유기정학 내지 무기정학 감이에요. 그러면 이번 선거 다 안 나와야 됩니다. 한 4년 동안 유기정학 당해야 돼요"[2]

"학생이 수업 시간에 수업 안 들어가 놓고, 예정된 수업이 진행되니까 기습 수업이다, 라고 얘기하는 것과 똑같은 거지. 말이 안 되는 겁니다."[3]

다만 노회찬 의원이 '학생'과 '학교'를 들어 비유를 할 때마다 난 입시 공부에 힘들어하는 학생들이 떠올라 늘 마음 한구석이 아팠다.

'불량 학생'도 삶의 맥락이 있다. '학생의 본분을 다하라'는 말은 얼마나 억압적인가. 수업 시간이 지겨웠다면 학생 잘못만은 아니다. 그런데도 노회찬 의원이 그런 비유를 쓴 이유는 입시 위주의 교육을 만든 사람들이 그동안 집권 세력들 특히 자유한국당 세력이라는 점에서, '당신들의 논리에 따르더라도 당신들은 문제가 있다'는 뜻이었다고 나는 이해한다.

한편 노회찬 의원과 가장 오랜 세월 함께한 생활 속 용어는 소고기다. 앞에서 언급한 사례 중 이런 말이 대표적이다.

> "돈 많이 벌어서 비싼 음식 먹은 거 누가 탓합니까. 그런데 옆에서 굶고 있다는 겁니다. 옆에서 굶고 있는데 암소 갈비 뜯어도 됩니까?"[4]

2004년 총선 당시 부유세를 주장하며 이 말을 했었다.

> "일단 이 법이 최저임금법의 목적과 취지에 위배되고 있다, 실질적으로 최저임금 인하를 만들어내는 법입니다. 소고기를 값싸게 공급하겠다고 공약을 해놓고 결국에는 소에다 물을 먹여 가지고 중량을 대폭 늘린 다음에 그 물 먹인 소고기를 공급하는 것하고 뭐가 다릅니까?"[5]

정부의 최저임금법 개악과 관련해 2018년에 한 이야기다.

2018년에는 양승태 대법원장의 사법농단에 대해 비판하면서도 역시 소고기의 힘을 빌렸다.

"우리가 소고기 한 근을 사더라도 저 정육점 저울은 엉터리다. 그럼 그 집에서 소고기를 살 수가 없잖아요."

소고기가 열일했다.

'청소'가 특히 애용하는 용어가 된 데에는 이명박, 박근혜 두 분의 공이 크다. 두 전 대통령은 각종 부정부패에 연루되었고, 이들의 집권 기간 동안 정치, 경제, 문화, 언론 영역 등 사회 곳곳에 적폐 세력이 또아리를 틀었다. 적폐 청산의 과제가 한국 정치의 우선순위로 떠오를 수밖에 없는 이유였다. 이를 빗대는 데는 '청소'가 제격이었다.

"MB 드디어 검찰청 포토라인에 섰군요. (…) 늦었지만 청소하기 좋은 날이 왔습니다. 이 기회에 말끔히, 깨끗이 청소해야 합니다."[6]

"청소할 때 청소해야지, 청소하는 게 먼지에 대한 보복이다. 그렇게 얘기하면 됩니까?"[7]

"청소를 1월 말까지만 하고 더이상 하지 않겠다는 것은 없다."[8]

짜장면과 짬뽕

짜장면과 짬뽕의 비중도 만만치 않았다. 상대방을 비판할 때도 우리 편을 옹호할 때도 짜장면과 짬뽕은 맛난 음식이었다. 안철수 전 국민의당 대표가 박근혜 씨 사면 가능성을 언급한 적이 있다. 그러다 시끄러워지자 곧바로 사면 논의는 적절하지 않다고 말했다. 이에 대한 평이다.

> "중국집 앞을 지나가면서 돈이 있다면 짜장면 먹는 문제를 심각하게 검토할 수 있다. 이 얘기는 먹고 싶다는 거 아니냐."[9]

2007년에 열었던 '성소수자와 함께 하는 간담회'에서 노회찬 의원은 이렇게 말했다.

> "붉은색이 주황색을 차별하지 않듯 짜장면이 짬뽕 차별하는 경우도 없다"[10]

노회찬 의원을 본받아 나도 가끔 짜장면이나 짬뽕의 힘을 구한다.

2016년 총선 때, 노회찬 의원, 유시민 작가, 진중권 교수가 진행하던 팟캐스트 〈노유진의 정치카페〉가 전북 익산에 왔다. 내 출마 지역이 바로 옆 동네라, 짬을 내 구경 갔다. 방송 막판에 유시민 작가가 날 불러냈다.

"심상정의 논리, 노회찬의 위트, 얼굴은… 유시민?" 이렇게 자기소개를 했다. 유시민 작가는 이 구역의 얼굴은 진중권이라고 말했다.

그때 이런 이야기를 했었다.

"우리 유권자 여러분들께서 정말로 정책을 봐주셨으면 좋겠습니다. 후보들도 그렇고, 유권자들도 그렇고 정책을, 영화 끝나면 맨 마지막에 글씨 줄줄 올라가는 거 있잖아요. 그 엔딩 크레디트로 취급해요. 아무도 안 봐요."

"그렇게 하다 보니까 후보자들 수준도 너무 떨어집니다. 제가 접한 후보들 가운데 한 명에게 (토론할 때) 본인이 페이스북에 올려놓은 정책을 물어봤어요. 그 정책을 유권자들에게 설명해달라 그랬더니, 모르세요. 정말 전혀 모르는 표정이었는데요, 그때 그분 표정이 중국집 사장이 짜장면 처음 보는 얼굴이었습니다."

행사가 끝나고 유시민 작가가 나와 악수하며 "아까 그 비유 기가 막혔어요"라고 말했다. 내가 모르는 척하며 "어떤 비유요?"라고 했더니 어이없어 했다.

1   〈심야토론〉, KBS, 2004.3.20.

2   〈100분 토론〉, MBC, 2004.1.15.

3   〈김어준의 뉴스공장〉, tbs FM, 2017.6.13.

4   〈심야토론〉, KBS, 2004.3.20.

5   제20대국회 제360회 제2차 법제사법위원회 회의, 2018.5.28.

6   노회찬 트위터, 2018.3.13.

7   〈JTBC 뉴스룸〉, JTBC, 2018.1.2.

8   '촛불이 꿈꾸는 정치' 강연회, 2018.1.12.

9   〈김어준의 뉴스공장〉, tbs FM, 2017.4.4.

10 성소수자와 함께 하는 간담회, 2007.6.16.

고루 평등하게
말하기의 기본은_
짧게 말하기

모두가 정해진 발언 시간을 지킨다는 것은

권력의 경중이나 유무를 뛰어넘어야 한다는 의지의 표현이다.

그것이 민주주의다.

노회찬 의원은 우리가 모르는 사이에 다양한 방식으로 세상을 나아지게 했다. 동네에서도 그랬다. 주민을 들러리로 세우는 동네 행사에서 그의 짧은 축사는 가뭄에 단비와도 같았다.

축사는 다섯 글자면 충분하다

"표창과 축사가 기다리고 있다. 대개 주인들은 운동장이나 체육관 마루바닥에 심드렁하게 서 있고 손님들은 맞은편 의자에 엄숙하게 앉아 있다. 간혹 참가자 수와 내빈 수가 같은 기괴한 장면도 연출된다. 행사가 길어질수록 서 있는 주인들은 불편하다. 내가 드릴 수 있는 최대의 성의는 짧은 축사이다. (…) 나는 주장한다. 축사가 1분을 넘기면 축하할 의지와 능력이 있는지 의심받아야 마땅하다! 2008

년 어느 공개 행사에서 내가 '축하합니다'란 다섯 글자로 축사하며 큰 박수를 받은 이래 노원구에선 축사 짧게 하기 경쟁이 일어났다. 당시 구 한나라당의 어떤 국회의원은 연설대로 가지도 않고 앉은 자리에서 일어서서 '축하합니다'고 외친 적도 있었다." (《난중일기》, 2012년 11월 5일)[1]

나 역시 축사 짧게 하기에 일가견이 있다.

정당 지역위원장은 매년 초에 신년인사회라는 걸 다닌다. 말 그대로 지역 주민들과 새해 인사를 나누는 자리다.

어디나 비슷하다. 국민의례, 내빈 소개, 주요 인사 축사 등의 순서다.

한번은 지역 주민이 거의 천 명이나 모인 구로구 행사에 참석했다. 놀랍게도 모두 서 있어야 했다. 의자가 없었다. 구로구의 주요 인사들이 모두 왔고, 지역위원장인 나도 무대 위에 올라가 인사할 기회를 얻었다. 두 시간 동안 주민들은 내내 인물은 바뀌고 내용은 바뀌지 않는 축사를 들어야 했다. 끔찍했다. 무엇을 축하한다는 말이지? 새해가 온 것을? 아니면 여러분의 다리에 경련이 온 것을? 두 시간 동안 음악에 맞춰 춤은 춰도, 축사에 맞춰 서 있을 순 없는 게 인간이다.

내 차례가 됐다.

"구로주민 여러분 반갑습니다. 제가 짧게 축사하면 박수 크게 쳐주시겠습니까." 첫인사에 우레와 같은 박수가 터졌다.

"올 한 해 모두 행복하시기 바랍니다. 축사를 마치겠습니다. 감사합니다."

곧바로 단상에서 내려왔다. 역사에 길이 남을 환호가 울려 퍼졌다. 주민들에게는 그 순간이 새해의 시작이었음에 틀림없었다. 행사가 끝날 때까지 악수를 청하는 주민들이 여럿이었다.

짧게 말하기는 말의 기술이기 이전에 자세

권력을 가진 사람일수록 발언권도 많이 가지는 한국사회에서는, 어느 자리에서든 힘센 사람이 길게 말하는 풍경이 펼쳐진다. 그러니 모든 사람이 정해진 발언 시간을 지킨다는 것은 권력의 경중이나 유무를 뛰어넘어야 한다는 의지의 표현이다. 그것이 민주주의다.

그러므로 회의 때, 리더가 자신의 말의 길이를 줄이는 것은 그 자리에 참석한 다른 사람이 말할 기회를 확보해주는 일이다. 말도 민주적으로 배분하려는 자세다.

"그래서 진보정의당 창당 과정에서 회의를 주재하면서 나는 말했다. 발언은 3분 이내로 해달라고. 살아온 과정도 3분이면 충분히 담을 수 있다고. 자신의 인생을 3분 이내에 표현할 수 없다면 그 인생에 문제가 있는 것이라며 농담까지 하였다. 사실 3분이 넘으면 그건 '발언'이 아니라 '연설'이다. 그래서 일장연설(一場演說)도 영어로 번역하면 'long speech' 아닌가." (〈난중일기〉, 2012년 11월 5일)[2]

햇반은 전자레인지에 2분간 돌리면 되고, 컵라면은 4분이면 충분하다. 말도 그렇다. 3분 이내에 먹기 좋은 음식을 내놔야 한다. 그 안에 자신의 말을 압축해서 담을 수 있도록 평소에 노력할 필요가 있다.

노회찬 의원은 짧게 말하기의 중요성을 이렇게도 강조했다.

> "TV토론에서도 1회의 발언은 40~50초가 적당하다. 1분이 넘으면 시청자들에겐 지겨움을 주기 시작한다. 1분 30초면 시청자들은 인내심 테스트에 돌입하게 된다. 대통령 선거 정책 토론회에서 한 정책에 대해 설명할 때 주어지는 시간의 최대치는 1분 30초이다. 그 시간이면 CM송 4곡 부르고도 남는 시간이다!"

'엘리베이터 토크'라는 말이 있다. 엘리베이터에 타서 내리는 시간 동안 상대방을 설득할 수 있도록 말할 수 있어야 고수라는 얘기다.

이렇게 해야 말은 '요점만 간단히' 되고, 다른 사람들도 자신의 말을 할 기회를 얻는다. 말을 못 하는 사람은 없다. 말을 할 수 없는 분위기가 문제다. 지위가 높은 사람이 말을 길게 하는 분위기가 최악이다. 민주적 분위기를 망치는 모든 요소를 찾아내고 없애는 것이 조직의 성장을 위해서 중요하다.

나는 민주적 환경을 만드는 사람인가, 저해하는 사람인가. 1분 안에 설명해보시라.

함께할 멍석을 펴는 말하기

짧은 말하기는 더 나아가 협력적 토론을 위해서도 필요하다. 회사 생활이든 정치 활동이든 회의에서는 대부분 '토론 배틀'보다는 '협력적 토론'이 이루어진다. 굳이 회의 자리가 아니더라도 타인과의 대화는 배틀보다는 협력이어야 한다.

모두가 자신의 의견을 밝히고, 차이를 드러내야 그 다음 협력을 위한 노력이 시작된다. 융합할 수 없는 차이는 책상 위 물건 정리하듯이 정확히 분류하여 정리하면 된다.

그러면 대화와 토론을 통해 연대할 수 있고, 차이를 인정하는 것도 가능해진다. 새로움을 창조하는 힘도 여기서 나온다. 그러니 짧은 말하기가 중요하다.

만약 만사가 배틀이고, 말하기에서도 남을 이기는 것만이 목적이라면 우선은 남에게 말할 기회를 주지 않는 게 좋다. 말을 잘하는 사람이 말을 길게 하면 완벽하다. 토론에서도 대화에서도 이길 수 있다.

대신 상대방과 함께할 기회는 그만큼 멀어진다. 토론과 대화에서 이겨도 관계에서는 진다. 회사도 정당도 그렇게 해서는 발전이 없다. 짧게 말하기가 이렇게 중요하다.

---

1 노회찬의 공감로그, https://omychans.tistory.com/category/ARCHIVE/난중일기

2 노회찬의 공감로그, https://omychans.tistory.com/category/ARCHIVE/난중일기

한 마디 한 마디
스타카토를 찍듯_
비유①

노회찬 의원은 '투명인간'이라는 말 한 마디로 대한민국 노동자들의 현실 전체를 설명했다. 존재하지만 존재감이 없는 사람이며, 의미 있는 일을 하면서도 존중받지 못하는 사람이라는 뜻이 담겨 있다.

노회찬 의원이 비유를 자주 썼던 이유는, 짧게 말하면서도 생각을 효과적으로 전달하기 위해서였다.

> "말이 쉬워야 한다. 쉽게 하려면 (말의 길이가) 짧아야 한다. 이 길이에 신경 안 쓰는 사람은 상대를 무시하는 것이다. 어떤 이는 '내 인생을 이야기하려면 사흘 밤 사흘 낮이 필요하다'고 하는데, 3분 안에 말할 수 있어야 한다. CM송이 보통 19초다. 19초 안에 물건을 사고 싶은 마음이 들게 한다. 줄이려면 비유를 많이 쓰게 된다."[1]

속이 다 시원한 청량제 같은 비유

그의 비유는 자주 '사이다'로 칭송받았다. 특히 기득권 세력을 향한 비유가 그랬다. 재벌과 자유한국당, 국정농단 세력 등을 겨

냥한 노회찬의 비유는 국민의 막힌 속을 뚫어주는 청량제였다.

이 일에 파리, 질병, 범법자, 조직 폭력배 등이 자주 동원됐다.

> "서방파, 양은이파만 조폭이 아니다. 자신의 힘으로 타인을 짓밟고, 자신의 이익을 위해 탈법, 불법을 무시로 일삼는 모든 조직화된 폭력이 조폭이다."〈난중일기〉, 2012년 11월 6일)[2]

2012년에 재벌들이 국회에 거듭 불출석하자 노회찬 의원이 남긴 말이다. 재벌 그룹이 탈법과 불법을 일삼는다면 그들은 조직 폭력배와 다를 바 없다는 말은 군더더기가 없다. 국회에서 노회찬 의원만이 할 수 있는 말이다.

19대 국회가 거의 끝나갈 때, 국회는 상시로 청문회를 할 수 있도록 하는 내용의 국회법 개정안을 통과시킨다. 일명 상시청문회법이다. 박근혜 당시 대통령은 거부권을 행사했는데, 이에 노회찬 의원은 이렇게 말했다.

> "파출소에서 상시 순찰한다고 하니까 불편해 하는 분들은 범법자밖에 없다."[3]

박근혜 대통령 및 청와대를 범법자로 비유한 것이다. 재벌조폭론에 이어 청와대 범법자론이다. 시간이 흘러 국정농단 세력들이 밝혀지고 박근혜 씨가 탄핵되자 이들을 빗대기 위해 노회찬 의원은 '파리'와 '모기'를 등장시켰다. 이제부터는 사람이 아니다. 정당한 대우다.

> "파리끈끈이 같은 거죠. 거기 모인 거, 나중에 그것만
> 들어내면 되는 겁니다. (…) 분리수거라는 말이 있잖아요.
> 재활용이 가능한 것과 재활용이 불가능한 것을 나누는 그
> 런 과정에 있다고 지금 봅니다."[4]

박근혜 씨가 탄핵당한 후 친박 의원들이 자꾸 삼성동 박근혜 씨 집에 모이는 것을 빗대 한 말이다.

이들이 파리 끈끈이에 붙을 처지인 파리라면, 자유한국당 의원들은 모두 모기였다. 2017년 6월, 국회 시정 연설 후 자유한국당 의원들에게 적극적으로 다가가 악수를 청했던 문재인 대통령의 모습을 평하며, 노회찬 의원은 자유한국당 의원들의 처지를 이렇게 묘사했다.

> "거의 뭐 에프킬라를 발견한 모기들 같은 그런 상황이
> 죠."[5]

자칫하면 PPL로 오해받을 수 있는, 화제가 됐던 바로 그 비유다. 되돌아보면, 노회찬 의원의 파리·모기론은 과거 극우 세력의 확산을 비판할 때도 사용됐다.

> "여름에 기온이 높아지면 파리, 모기가 많이 나타나듯
> 이, 우익 정부가 들어서면서 이런 극우적 행태가 마치 질

병처럼 번지고 있는 게 아닌가 싶습니다."[6]

때로 그는 언론에 대해서도 쓴소리를 아끼지 않았다. 이 말이 기억난다.

"새 반찬을 좋아하는 것은 어느 언론이나 마찬가지다. 반찬의 영양가를 눈과 혀는 알지 못한다."[7]

2004년 민주노동당 신년기자회견에서 여러 중요한 내용을 말했으나 결국 기사는 언론의 입맛에 맞게 추려져 나갔다는 점을 지적하며 〈난중일기〉에 쓴 글이다.

좋은 비유의 선명한 정리 효과

앞서 인용한 노회찬 의원의 말처럼, 비유는 짧은 시간에 효과적으로 의사를 전달하는 데 좋은 방법이다.

그의 비유는 밀도가 높았다. 한두 단어에 많은 의미를 담고 있는 경우가 흔하다. 기네스북 기록에 도전한다면서, '작은 차에 사람 많이 태우기'를 하는 장면을 텔레비전에서 본 적이 있다. 4명만 타도 꽉 차는 경차에 5명, 6명, 10명. 끝도 없이 사람이 탄다. 노회찬 의원의 비유가 이런 느낌이다.

노회찬 의원이 6411번 버스를 타는 청소노동자들을 '투명인간'이라고 불렀을 때 그는 그 말 한 마디로 대한민국 노동자들의 현실 전체를 설명했다.

투명인간이라는 말에는 그들이, 존재하지만 존재감이 없는 사람이며, 분명 우리 사회에서 의미 있는 일을 하면서도 존중받지 못하는 사람들이라는 뜻이 담겨 있다. 정치적 영향력이 크지 않고, 그래서 힘을 발휘하지 못하는, 그래서 반드시 진보 정당이 함께해야 하는 사람들이라는 의미를 한 마디의 비유로 모두 설명했다. 짧은 시간에 효과적으로 의사를 전달한 모범 사례다.

> "천장에서 비가 새고 있는데 디자인 좋은 벽지로 방 안을 도배할 겁니까?"[8]

노회찬 의원의 비유가 마치 엑스레이처럼 숨겨진 구조를 보여줄 때가 있다. 이런 비유는 문제를 매우 효과적으로 드러낸다.

위의 사례는 2010년 서울시장 후보들의 TV토론에서 노회찬 의원이 한 말이다. 오세훈 당시 한나라당 후보는 이명박 당시 서울시장에 이어 시민들의 민생보다는 서울의 겉모습을 치장하는 계획을 제시하는 데 바빴다. 나중에 그가 시장이 되고 나서 그 결과물로 경인운하, 세빛둥둥섬 등이 생산됐다. 경인운하는 학생 없는 마을에 지은 학교처럼 배 안 다니는 운하가 됐고, 세빛둥둥섬은 영화 어벤저스 시리즈 중 <어벤저스: 에이지 오브 울트론>에 모종의 연구소로 나오는 정도의 쓸모를 과시했다.

오세훈 후보에 대해 노회찬 의원은 여러 비판을 했다. 그

중 하나가 바로 '비 새는 집에 도배'론이다.

정말 중요한 일은 하지 않고, 인테리어에만 신경 쓴다는 것. 그러니까 시민의 먹고 사는 문제는 외면하고, 겉으로 보기에 그럴듯한 토목 사업, 명문고 신설 사업 따위나 한다는 비판으로는 이 비유가 최고다.

방에 비가 새는 마당에 좋은 벽지로 방을 도배하는 사람은 아무도 없다. 일에는 우선순위가 있는 법이다. 그럼에도 불구하고 도배하는 사람이 있다면 비난받아 마땅하다.

노회찬 의원의 비유를 듣고 있으면, 상황이 보다 명료해진다.

누구나 아는 사례를 실감 나는
비유의 재료로

"〈모나리자〉가 잘 그려졌다며 레오나르도 다빈치에게 똑같은 걸로 여섯 개 더 그리게 한 것과 마찬가지 처사였으니 이 일을 떠올리는 건축가들의 치욕감을 이해할 만합니다." (〈난중일기〉, 2005년 3월 9일)[9]

바르샤바에 갔다가 본 '스탈린 양식'의 건물에 대해 노회찬 의원이 한 말이다.

나도 바르샤바에 배낭여행 갔다가 이 건물을 본 적이 있다. 사실 바르샤바에 가서 이 건물을 보지 않기란 어려운 일이다. 도시의 중심에 가장 높게 자리하고 있어 바르샤바 어디에서도

다 보인다.

스탈린은 이런 건물을 모스크바에 여섯 채나 더 짓게 했다고 한다. '교보문고'인가. 노회찬 의원은 여기서 전체주의의 억압을 인식했다. 창발성이 질식한 것을 느꼈다.

우리 아파트 단지내 건물들도 다 똑같이 생겼지 않나, 건물이야 똑같이 지을 수 있는 것 아닌가, 싶은 마음도 확 날려버린다. <모나리자>를 여섯 점 더 그리도록 한 것과 마찬가지라니 그 심각성이 확연히 느껴진다. 그건 안 되지.

노회찬은 이렇게, 흘려보낼 수 있는 감각을 깨운다. 누구나 알만한 사례를 들어서 말이다.

생각해보면 아파트 단지도 문제긴 문제다. 벽돌 찍어내듯 찍어낸 대량 생산 주택은 '돈의 전체주의'의 풍경이다. 여기서도 창발성은 질식한다.

2004년 총선 때, 노회찬 의원은 '타잔'을 소환하기도 했다. 그가 참여한 라디오 토론에서 다른 당 의원들의 논쟁이 격렬하던 차였다.

"타잔이 되어야만 이 동물들을 다룰 수 있다."[10]

한순간에 기존 정치인들은 모두 '동물'이 됐다. 이 말에서의 동물은 '반려동물'이라고 할 때의 동물의 느낌이라기보다는 '짐승'의 의미에 물론 가깝다. 동물을 달래는 데 성공한 것으로 사람들에게 가장 각인되어 있는 역사·문화적 인물이 바로 타잔이다.

이처럼 노회찬 의원은 누구나 아는 사례를 들어 비유를 완성하기 위해 역사적 인물, 명화, 드라마의 주인공 등을 자유자재로 활용했다. 고유의 맥락을 가지고 있는 사례들은 그 맥락을 공유하는 사람들에게 동일한 메시지를 떠올리게 만든다. 그로 인해 말의 의미가 더욱 선명해진다.

안하무인인 정치인을 잘 다뤄야 한다는 주장보다는 동물을 다루는 타잔이라는 비유의 힘이 훨씬 세다.

1   『시사IN』 인터뷰 쇼, 2017.7.2.

2   노회찬의 공감로그, https://omychans.tistory.com/category/
    ARCHIVE/난중일기

3   국회의원 당선자 청회 발언, 2016.5.24.

4   〈정봉주의 정치쇼〉, SBS라디오 러브 FM, 2017.3.14.

5   〈김어준의 뉴스공장〉, tbs FM, 2017.6.13.

6   노회찬·유시민·진중권,『생각해봤어?』(웅진지식하우스, 2015), 159쪽.

7   노회찬,『힘내라 진달래』(사회평론, 2018), 86쪽.

8   〈100분 토론−선택 2010, 서울시장 후보 초청 토론〉, MBC, 2010.5.18.

9   노회찬,『노회찬의 진심』(사회평론, 2019), 128쪽.

10 노회찬,『힘내라 진달래』(사회평론, 2018), 214쪽.

한 단어 한 단어
폭탄을 다루듯_
비유②

국민이되 국민 대우를 못 받는 사람들, 노동자이되 노동자 대우를 못 받는 사람들. '무국적자'라는 한마디 말이 이들의 처지를 선명하게 드러냈다.

단어 하나로 모든 것을 말하는 비법도 있다. 일일이 설명하기보다 그 모든 의미를 담고 있는 하나의 단어를 정확히 선택하는 것으로 말하기가 완성되기도 한다. 노회찬 의원은 이걸 잘했다.

그것은 OO이 아니다

"외교는 사교가 아니다." (〈난중일기〉, 2004년 9월 30일)[1]

민주노동당이 중국 건국 55주년 기념 연회에 참석했는데, 당원 중에는 이를 비판하는 사람들이 있었다. 천안문 사태, 티베트 사태 등 때문이었다. 이에 대해 노회찬 의원이 한 말이다.

정당이 주변국과 관계 형성을 위해 노력하는 건 당연하다. 이런 주장을 "외교는 사교가 아니다"라는 말로 간명하게 표현했다.

'사교'는 그러니까 동아리 같은 사적 교류를 말한다. 취향이 같은 사람들끼리 만나면 된다. 말이 통하는 사람, 좋아하는 사람을 사귀는 데 제격이다. 그러나 외교는 좋아하는 사람만 만날 수는 없다. 말이 안 통하는 사람과도 만나야 외교다.

'사교'는 또 '사교 모임' 등의 표현에 쓰이는 말이다. 인맥 쌓기가 목적인 사교라면 취향이 다른 사람도 만날 필요가 있다. 그런 사교도 외교와는 다르다. 단순히 관계를 형성하기 위해 만나는 게 외교가 아니다. 외교는 그 이상이다.

게다가 '사교 모임'이란 말을 평범한 국민은 잘 안 쓴다. 돈 많고, 권력 있는 사람들에게나 해당하는 일로 느껴진다. 이런 점에서도 확실히 외교는 사교와 다르다. 외교는 국민 다수를 위해 해야 하는 일이다.

외교는 사교가 아니라는 말에는 이렇게 다양한 의미가 들어 있다. '사교'라는 단어 하나로 다 전해진다. 단 한 발의 총알로 과녁의 정중앙을 꿰뚫는 느낌이다.

실제로 사교 모임처럼 운영된 공적 모임도 있었기 때문에 더욱 그렇다.

> "부산 숙소에 도착하여 가벼운 뒤풀이를 가졌다. "법사위의 국정감사는 홈커밍데이즈다"라고 말하니 아무도 부정하지 않았다." (〈난중일기〉, 2004년 10월 4일)[2]

끼리끼리 모이는 자리로는 동문회가 있다. 대한민국 국회의 법사위 국정감사는 동문회 수준이었다. 홈커밍데이. 얼마나 반가운가. 오랜만에 얼굴도 보고, 같은 뿌리를 확인하며 연대감도 다진다. 법원, 검찰이 국회의 피감 기관이라는 사실은 그 연대감 앞에서 잊힌다.

이 점을 '홈커밍데이'라는 말 한마디로 지적했다. 이번 사격도 10점 만점에 10점이다.

뼈가 있고 무게가 실린 단어 하나로

단어 하나의 힘을 효과적으로 잘 살린 예를 더 들어보자.

> "국회의사당 50미터 타워크레인 위로 4명의 무국적자가 올라갔다." (〈난중일기〉, 2004년 11월 30일)[3]

비정규직 노동자들 이야기다. 노동3권이 적용되지 않는 헌법 밖의 노동자들, 국민 대우를 못 받고 있는 사람들. 이들은 그러니까 '무국적자'인 것이다.

국민이되 국민 대우를 못 받는 사람들, 노동자이되 노동자 대우를 못 받는 사람들. '무국적자'라는 한마디 말이 이들의 처지를 선명하게 드러낸다.

> "인류의 역사는 회계장부가 아니다." (〈난중일기〉, 2005년 3월 11일)[4]

바르샤바에서 폴란드 시민들이 독일군의 침공에 맞섰던 1944년 8~10월, 그때 '두 달간의 자유를 위해 죽어도 좋다고 생각한 사람들'을 떠올리면서 노회찬 의원이 한 얘기다. 당시 바르샤바는 해방구였고, 나중에 독일군에 의해 진압당한다. 때로는 이렇게 패배할 것이 뻔한 일에 나서는 사람들이 있는 법이다. 그게 역사다. '회계장부'는 더없이 정교하게 선택된 용어다. 이 말 한마디로 역사의 무게가 달라진다.

인류의 역사가 회계장부가 아니라는 노회찬 의원의 인식은 다음 말에서도 드러난다.

"광화문 분수 이름이 12.23, 12척의 배로 왜적을 격퇴하고 23번 승리해서 지은 이름이랍니다. 이순신 장군을 마치 프로야구 선수 평가하듯 다루는군요. 이순신 장군에게서 배울 것이 12척, 23번밖에 없나요? 광화문 푼수가 지은 이름답습니다." (트위터, 2009년 8월 1일)[5]

처음 이 글을 접했을 때 뭐가 잘못되었다고 하는 거지? 했다. 12척 남았던 것이 맞고, 23번 승리했었는지는 몰랐는데 알게 됐다고만 생각했다. 잘못된 게 없잖아. 극적으로 드러나는 숫자, 승리의 횟수. 그런 것 말고 이순신 장군에게 우리가 배워야 할 게 정말 없는지를 생각하지 못했던 것이다. 나도 역사를 회계장부로만 보고 있었던 셈이다.

가장 기억에 남는 것 중 하나는 다음 사례다. 2009년 1월 용산참사의 원인은 경찰의 무리한 진압 작전이었다. 그런데도 검찰은 철거민들을 기소한다. 화염병 사용이 원인이었고, 경찰의 작전은 정당하다는 것이 검찰의 판단이었다. 희생자들이 졸지에 가해자가 되었다. 노회찬 의원이 이 점을 비판했다.

> "이 사건으로 죽은 72세의 이상민 씨는 그래서 세계 최고령 테러리스트가 된 셈이고."[6]

"세계 최고령 테러리스트"라는 말이 핵심을 정확히 드러낸다. 피해자가 가해자로 지목되었다는 사실, 가해자가 도저히 가해자일 수 없는 사람이라는 사실, 검찰의 판단에 큰 문제가 있다는 사실을 날카롭게 짚었다.

1   노회찬, 『노회찬의 진심』 (사회평론, 2019), 85쪽.
2   앞의 책, 93쪽.
3   앞의 책, 117쪽.
4   앞의 책, 137쪽.
5   앞의 책, 383쪽.
6   노회찬 외, 『진보의 재탄생−노회찬과의 대화』 (꾸리에, 2010), 385쪽.

고수는 70퍼센트의 긴장감으로 무장한다_자세

순발력의 원천은 두 가지다.

평소에 열심히 준비하기. 실전에선 자신을 믿고 마음 비우기.

충분히 훈련한 권투선수는 링 위에 섰을 때

움직임 하나하나를 생각하지 않는다.

2004년 총선에서 노회찬 의원의 이름이 알려진 이후, 많은 사람들이 그에게 촌철살인이 준비된 말이냐고 물었다. 방송에서도 그랬다.

"TV토론에서 말로 인기를 많이 끄신 거 같은데 그런 말은 준비된 건가요? 아니면 생방송에 강하신 건가요?"

어느 방송에서 이 질문을 받았을 때, 그는 말했다.

"아닙니다. 준비했다가는 그 말 써먹기 위해서 다른 말 못 하게 되니까. 저도 제 입에서 나온 뒤에 들은 적도 많습니다."[1]

다른 방송에서는 이렇게도 이야기했다.

"어떤 말을 멋있다고 해서 써먹어야 되겠다고 생각하

면 몸이 굳어져요. 기회를 찾느라고, 다른 걸 다 놓치게 되고. 오히려 평소에 저는 정치를 하는 사람이니까. 말을 쉽게 하려고 하고요. 이해하기 쉽도록, 이왕이면 재밌으면 이해하기가 더 쉽잖아요. 기준을 중학교 1학년 학생이 알아듣도록 설명을 하는 거죠."

"준비는 안 하고요, 평소에 느낀 대로 마음을 비우고 얘기하면 나오던데요."[2]

마음을 비우는 것에도 단련이 필요하다

마음을 비우고 이야기하라. 이 말에 공감한다. 멍때리고 말한다는 뜻이 아니다. 마음을 비울 수 있는 사람은, 그 전에 꾸준한 학습과 깊은 고민으로 가득찬 사람이다. 학습과 고민의 결과를 평소에 쉽게 말하려고 노력하는 사람이다.

사람들 앞에서 말하기가 대체로 다 그렇다. 원고를 준비해도 있는 그대로 읽으면 생생함이 떨어진다. 현장의 분위기와 호흡하기 힘들다. 오히려 키워드만 가지고 말하는 습관을 들이는 게 중요할 수 있다.

순발력의 원천은 두 가지다. 평소에 열심히 준비하기. 실전에선 그동안 열심히 준비한 자신을 믿고 마음 비우기. 충분히 훈련한 권투선수는 막상 링 위에 섰을 때, 움직임 하나하나를 생각하지 않는다. 평소에 훈련했던 대로 그저 움직일 뿐이다. 마음을 비우고.

그러므로 '노회찬의 말'은 사전에 노골적으로 준비한 것도, 그렇다고 무작정 즉흥성에만 기댄 값싼 순발력의 산물도 아니다. 오랫동안 켜켜이 쌓인 세계관의 깊은 지층에서 그때 그때 건져 올린 보석 같은 말들이다.

"내 입에서 나온 뒤에서야 듣게 된다"는 표현도 틀림없이 그는 입에서 나온 뒤 들었을 것이다.

진지함과 유연함 사이, 고수의 비법

내가 더 주목한 건 이런 이야기이다.

> "가을엔 역시 장중한 곡이다 좋다. 첫 곡은 〈최후의 결전(Varshavianka)〉.
> 20세기 초 〈인터내셔널가〉와 함께 가장 많이 불려졌던 노래다. 우리나라에선 항일 무장 투쟁 시기 '최후의 결전'이란 제목으로 독립군들이 불렀고, 스페인 내전 당시엔 '바리케이트를 향해'란 이름으로 민병대원들이 즐겨 불렀던 노래이다. 70퍼센트의 긴장을 유지하는 데 필요한 곡이다." (〈난중일기〉, 2004년 9월 30일)[3]

"70퍼센트의 긴장"이라는 표현이 나온다. 어떤 것일까. 긴장이 온몸을 짓누르지도 않고, 그렇다고 긴장이 없어 풀어진 것도 아닌 그런 상태. 70퍼센트의 긴장이란 여러 번 경험하고 고민하면서 도달한, 노회찬 의원만의 결론일 것이다.

70%의 긴장이 담긴 진지함과 딱 그만큼의 유연함 속에서 노회찬 의원은 말의 강약을 조절하고, 논리와 유머를 배합했다.

1 「백지연의 뉴스Q」, YTN, 2004.4.22.
2 〈시시콜콜택시〉 18회, 포항MBC, 2018.6.2.
3 노회찬, 『노회찬의 진심』 (사회평론, 2019), 82쪽.

노회찬의 말 공부

"당시 들었던 일화는 라디오 시사프로 등에서 패널이 펑크가 나면 방송 10분 전에 노회찬 총장에게 양해를 구했는데 대북, 통일, 노동 등 기본 이슈에 대해서 질문지를 미리 받지도 않고 그 자리에서 막힘없이 답변을 하여 방송사 관계자들이 나중에 '감사하다'고 했다는 것이다."[1]

공부는 미리미리 끊임없이

노회찬 의원이 시사토론계의 위키백과가 될 수 있었던 이유는 끊임없이 공부했기 때문이다. 뭐, 당연하지 않은가. 공부 없이 각종 현안을 꿰뚫을 순 없으니 말이다.

내가 팟캐스트 〈노유진의 정치카페 시즌2〉(이하 '〈노유진2〉')의 고정 패널로 출연할 때다. 〈노유진2〉에서 노회찬 의원을 손님으로 초청한 적이 있다. 고위공직자비리수사처(이하 '공수처') 등등 몇 가지 주제를 다뤘는데, 그때 좀 놀랐다. 사전에 질문지가 제공되었고, 나는 관련 내용을 빽빽이 메모한 A4 용지를 10장 넘게 들고 있었다. 노회찬 의원의 손에는 우리가 보냈던 질문지만 달랑 들려 있었다. 그런데도 노회찬 의원은 친정에 놀러온 딸처럼 편안한 얼굴로 수다스러웠다. 심지어 질문지에 없는 내용을 질문해도 그는 막힘없이 대답했다.

사람들은 보통 노회찬 의원이 했던 촌철살인의 말들에만 집중하지만, 그가 시종일관 농담만 하는 정치인이었다면 사람들이 좋아했을 리가 없다. 그런 사람이었다면 〈개그콘서트〉에 나왔어야지. 풍부한 내용들이 바탕이 된 가운데 문득 터지는 유머가 빛을 발하는 법이다. 노회찬 의원이 그랬다.

'공부를 참 많이 하시는구나.' 그날 받았던 인상이다.

"나이가 들수록 해야할 공부가 늘어난다"

노회찬 의원은 첫 당선 후 본인의 의사와는 무관하게 법제사법위원회에 배치됐다. 책을 샀다. 운동가들이 법학 책을 사는 일은 많지 않다. 그는 오랫동안 '법의 지배를 받아온 법조계 인사'였지만, 형사소송법 책 등은 그제서야 본 모양이다.

> "민법, 형법, 민사소송법, 형사소송법 책을 주문했다. 나이가 들수록 해야 할 공부가 늘어간다."(〈난중일기〉, 2004년 9월 6일)[2]

2004년 9월이었다. 그는 이렇게도 말했다.

> "늦게까지 나머지 법안들도 공부했다. 이러다간 국회 본회의에 회부되는 모든 법안을 다 공부해야 한다. 법사위가 3D 업종이라는 말이 허사가 아니다."

늘 공부하는 사람은 공부할 게 점점 많아지는 법이다.

현안에 대한 자료의 체계적 관리도 한몫했다. 노회찬 의원이 언론 인터뷰에서 공부의 비법을 한 차례 밝혔다.[3] 에버노트라는 프로그램을 이용한다고 했다. 이 프로그램으로 각종 이슈들을 주제별로 분류해 저장할 수 있다. 텍스트뿐만 아니라 그림이나 사진도 그렇다.

이슈가 터질 때마다 관련 내용을 자신의 분류 체계 안에 저장해 놓으면, 과거부터 현재까지 모아놓은 자료를 따로 볼 수 있다.

노회찬 의원은 무려 100개가 넘는 이슈 폴더를 만들어 각종 현안을 관리했다고 한다.

평소 자기 분야의 각종 사안을 꾸준히 공부하는 것은 매우 중요하다. 구체적인 수치까지는 아니더라도, 흐름을 이해하고 있어야 한다. 그래야 맥락이 있는 말, 깊이 있는 통찰이 가능하다. 엉뚱한 말, 황당한 말이 안 나온다. 누구나 마찬가지다.

국회의원인데도 공부를 안 해 아예 관련 분야의 용어조차 모르는 경우가 다반사다. "지하경제를 활성화하겠다", "고위공직처비리수사처", "이산화가스, 산소가스" 이런 건 단순한 말 실수가 아니다. 해당 분야에 대한 이해가 전혀 없을 때 이런 지경에 이른다. 공부가 이렇게 중요하다.

---

1   김정진, "[추도사] 노회찬을 기억하다", 정의정책연구소홈페이지, 2018.7.31.

2   노회찬, 『노회찬의 진심』 (사회평론, 2019), 55쪽.

3   김태규, 「노회찬, 귀에 쏙쏙 박히는 '역대급 입담'의 비결은…」, 『한겨레』, 2017.9.1.

3.

맞설 힘을 약자에게 주는 말하기_ 말하기의 실전

나란히 서로의
사전을 맞춰보는 것
으로부터_대화

어떤 투, 어떤 단어, 어떤 사례로 말하느냐에 따라 듣는 사람이 정해진다.

코드를 맞추면 말도 더 잘 통한다. '그 사람하고는 말이 잘 통해'라는 생각이 드는 건 코드가 맞기 때문이다. 그리고 말의 철학, 즉 '입장'이 같으면 코드가 맞는다. 쉽게 접속이 이뤄진다.

코드를 맞춘다는 것은
상대의 입장에 서보는 것

듣는 사람들의 관심사에 맞춰 말을 바꿔 코드를 맞출 수도 있다. 그럴 때 "20대의 코드를 아는군요" 같은 반응이 나온다.

내가 어떤 투의 말을 사용하는가, 어떤 단어를 선택하는가, 무엇을 사례로 드는가에 따라 듣는 사람이 정해지기도 한다. 해당 코드에 익숙한 사람이 나의 말을 더 친숙해하기 때문이다.

"내가 국민학교에 다닐 때는…"이라고 시작하는 사람은 40대 중반 이상에게 말하고 있는 것이다. 기후변화로 인한 대

멸종을 설명하는데 앞에 젊은 층이 앉아 있다면, '타노스의 손가락 튕기기'가 효과적인 비유일 수 있다. 초등학생에게는 '도티' 이야기가 먹힐 가능성이 크다. '도티'가 뭐냐고? 근처에 있는 초등학생에게 물어보시라.

노회찬 의원은 예리한 감각으로 듣는 사람에 따라 말을 달리했다. 그때그때 코드를 맞췄다.

> "안녕하세요. 저는 두 달 전까지 해직 국회의원이었던 노회찬입니다."

어디서 이 말을 했을까. 2016년 6월 28일 '공정언론바로세우기' 콘서트 때다. 해직 언론인들 앞에서. '해직'이라는 단어가 노회찬 의원과 청중을 순식간에 접속시켰다. 참석자들이 크게 웃었다.

공감을 이끌어내기 위해서도 코드 맞추기는 중요하다. 벤처기업이 잔뜩 모여 있는 구로디지털단지에서 노동자들을 만났을 때 이런 말을 했다. 앞에서도 일부 언급했던 사례다.

> "우리는 일종의 벤처기업이잖아요. 영세한 벤처기업인데, 삼성그룹도 처음부터 저렇게 컸겠어요? 정주영 회장도 그렇고요. 시작은 다 미약하지만, 끝까지 미약할 수도 있고 나중에 창대할 수도 있고…. 나중에 잘 된다는 비전을, 희망을 갖고 있는 거죠. 사람들이 정치하려면 큰 당에 가서 하지 왜 조그만 당에서 고생하느냐 (이렇게 말하

는데요). 저는 그렇죠. 대기업에 입사하는 것보다 저는 제가 창업해 가지고 그걸로 한 번 승부 걸고 싶은 그런 모험심도 있는 것이고….”

노회찬 의원은 소수 정당을 다른 무엇보다 '벤처기업'에 빗댔다. 큰 당에 안 가고 작은 당에 남아있는 이유를 그는 "대기업에 가기보다 창업을 하는 것"으로 비유했다.

만약 노회찬 의원이 시장 상인들을 만나 자신의 입장을 설명했다면, "대형마트 이기기 위해 노력하는 시장 상인 여러분들처럼 저도 대형 정당과 열심히 경쟁하는 중이다"라고 말했을 것이다.

하나의 흐름으로 배열되거나
파생되는 용어들을 공략하기

말하는 상황에 따라 관련 분야의 용어를 적합하게 선택하면 더 재미있다. 절묘함이 느껴지고, 때로는 뻔뻔함으로 웃음을 터뜨리게 할 수 있다. 사례를 보자.

"유시민 전 대표와 함께 〈저공비행〉을 다시 시작하기로 했다. 총선 이후 불시착한지 7개월여 만이다. 경비행기 조종사면허증을 갖고 그간 '단독비행'을 즐겨온 진중권 교수를 〈저공비행 시즌2〉 첫 비행에 모시기로 했다. 다음 주초에 시즌2 첫 회가 나갈 예정이다." (〈난중일기〉, 2012

년 11월 1일)

팟캐스트의 제목이 '저공비행'이다. 아예 비행 관련 용어를 시종일관 사용한다. '불시착'이 그렇고, '단독비행'이 그렇고, '첫 비행'이 그렇다. 진중권 교수가 경비행기 조종사면허증을 갖고 있다는 사실도 언급했다.

이런 경우도 있었다.

> 노회찬: GMO는 하나의 식품이잖아요. GMO 자체를 쓰는 게 아니라 GMO에서 뭔가를 추출해서 쓰면, 예를 들면 탄수화물이나 지방을 추출해서 쓰는 경우에는 표시제와 무관한 식품이 돼버렸어요. 이걸 개선하기 위해서 식약청에서 성분도 포함시켜서 표시하도록 하는 개정 고시안을 제출했는데, 2008년도 규제개혁위원회에서 제지당했어요.
>
> 유시민: 규제개혁위원회가 뭐하는 거야.
>
> 노회찬: 유전자 변형이 시급하게 요구되는 곳이에요.[1]

GMO 표시제에 허점이 많다는 사실을 지적한 토론이다. GMO에서 뽑아낸 성분을 사용한 식품인 경우 GMO표시제가 적용되지 않는 실태를 비판했다. GMO에 대한 토론에서 '개혁이 필요하다'를 의미하는 가장 와 닿는 표현은 "유전자 변형이 요구된다"이다.

자유한국당이 평창올림픽을 평양올림픽이라고 비난했을 때도 노회찬 의원이 나섰다. 한반도 평화의 길에 평창올림픽은 중요한 계기였다. 적절한 비판이 필요했다.

"제가 볼 때는 (자유한국당에) 다른 정신은 어떨지 몰라도 올림픽 정신이 없어요."[2]

1 노회찬·유시민·진중권, 『생각해봤어?』 (웅진지식하우스, 2015), 147쪽.
2 〈김어준의 뉴스공장〉, tbs FM, 2018.1.24.

당신의 세계관을
배우려는
염치의 발휘_대화

모든 이를 평등하게 보아야 모두에게서 배울 수 있다.

누구의 말이든 경청한다는 것은 그 모든 '다름'에도 불구하고

아무도 차별하거나 배제하지 않는다는 뜻이다.

앞서 말하기의 기초 원칙으로 언급한 경청은 정치인에게 가장 중요한 '염치'의 표현이기도 하다.

정치인은 '표'를 중요하게 생각한다. 표는 사람이 던진다. 표를 얻는 일은 사람과 인연을 맺는 일이다. 그렇게 하려면 염치가 있어야 한다. 말 많은 직장 상사보다 잘 들어주는 선배가 좋고, 잔소리하는 부모보다 공감해주는 친구가 좋은 법이다. 이들은 표를 원하지도 않으면서 그렇게 한다. 하물며 표를 받아야 하는 정치인에게 경청은 기본 중의 기본이다. 선거 때만이 아니라 평소에.

말을 섞을 것인가, 세계관을 만날 것인가

사람들은 다 자신만의 삶의 지식과 지혜를 지니고 있다. 그러니 유권자와 함께한다는 정치인이 가르치려 들면 곤란하다. 모

든 이들의 지식, 지혜와 만나길 원하는 정치인이라면 더욱 그렇다. 경청하는 정치인은 유권자의 얼굴을 한 수많은 세계관들과 만났다 헤어지고 다시 만나는 일을 반복하는 사람이다.

경청은 상대방을 진심으로 만나게 해준다. 모두가 멋진 말솜씨를 뽐내진 않는다. 조리 있게 말하지 못할 수도 있다. 그러나 사람들은 이미 많은 걸 알고 있고, 자신만의 판단을 가지고 있다. 그들의 이야기를 듣는 데 집중하는 정치인이 진짜 정치인이다. 와이파이가 스마트폰을 세상과 연결시켜주듯, 경청이 정치인을 국민과 연결시켜준다.

> "소통이란 말을 나누고 섞는 일만 뜻하는 것은 아니다. 많이 듣는 것 또한 소통의 필수 요건이다 (…) 물론 팔로어보다 팔로잉 수가 더 많다. 둘 다 소중한 친구들이다. 그러나 어느 쪽이 더 소중하냐고 누가 묻는다면 나는 자신 있게 말할 수 있다. 내 말을 듣고자 나를 따르는 분들보다 그분들 말을 듣고자 내가 따르는 분들이 더 소중하다고. 내가 살고 있는 세상에 대해 그리고 동시대를 함께 살아가고 있는 사람들에 대해 신문, 방송과 일상 생활에서 경험할 수 없는 이렇게 생생하고 풍부하고 신속한 얘기들을 해주는 분들보다 누가 더 소중하단 말인가?" (〈난중일기〉, 2010년 7월 7일)

평등과 겸손은 함께 간다

노회찬 의원은 "스승과 함께 살아온 것"이라고 자신의 삶에 대해 얘기했다. 늘 배우는 자세였다. 그런 맥락에서 경청의 중요성을 누구보다 잘 알고 있었다.

배우려는 사람은 누구를 만나든 겸손해야 한다. 그래야 제대로 듣고, 배울 점을 예리한 감각으로 포착할 수 있다. 두 손을 앞으로 모으고, 겸허한 표정을 짓는 것으로는 부족하다. 중요한 것은 따로 있다. 모든 인간은 평등하다는 감각이다.

차별과 배제의 시선은 이 감각을 방해한다. 권력이 없으니까, 지위가 낮으니까, 여성이므로, 장애인이라서 차별의 눈으로 본다. 특정 지역 사람이니까, 우리보다 '약소국' 출신이므로, 나이가 어리거나 혹은 많다는 이유로, 익숙하지 않은 성적 지향과 성별 정체성이 그냥 싫어서, '희한한' 종교를 가지고 있어 배제한다. 경청은 불가능하다. 당연히 아무것도 배울 수 없다. 유머는 상상도 못한다. 근엄한 임금이 백정과 농담 따먹기를 할 수는 없는 노릇이다. 사장님이 이주노동자에게 월급보다 욕을 먼저 지급하는 이유도 마찬가지다. 권위적인 사람, 차별이 몸에 밴 사람, 배제가 일상인 사람은 타인에게 배우기는커녕, 타인과 가까워지기도 어렵다.

모든 이를 평등하게 보아야, 모두에게서 배울 수 있다. 누구의 말이든 경청한다는 것은, 그 모든 '다름'에도 불구하고 아무도 차별하거나 배제하지 않는다는 뜻이다. 그래야만 진정한 대화와 앎이 가능하다는 것을 노회찬 의원은 자신이 함께하는 사람들을 향해서도 여러 번 강조했다.

"소위 진보를 좋아하고 진보를 지향하는 사람들 속에 가장 부족한 것이 다원주의 다양성에 대한 이해와 관용의 태도가 굉장히 부족하다는 생각을 합니다."[1]

"나는 김치를 더 좋아하고 저 사람은 시금치를 더 좋아하고, 그러면 김치도 있고 시금치도 있는 밥상에서 밥을 같이 먹을 수 있는 것인데, 그렇게 안 하려고 한다는 거죠."[2]

비아냥과 조롱의 말은 무서울 것이 없다

노회찬 의원의 말에서 찾기 어려운 것이 비아냥과 조롱이다. 비아냥은 "늘 그런 식이지", "도대체 이해할 수가 없어요", "스포트라이트 받으려고 한 거야, 빤해" 같은 말이다. 상대방을 평가절하하는 방식이다. 비아냥이나 조롱이 리더의 말인 경우는 매우 드물다. 왜냐하면 평가절하는 문제 해결에 거의 아무런 도움이 되지 않기 때문이다.

사실 상대방을 쉽게 평가절하하는 사람은 별로 무섭지도 않다. 이런 사람은 상황을 이해하는 능력도, 상대방을 이길 힘도 없는 사람이다. 그런 이에겐 사람이 붙지 않는다. 그러므로 무섭지 않다.

"완전한 사람은 없다는 판단이지요. 그 후로는 사람을 대하는 법이나 감정이 굉장히 많이 편해졌어요. 벽 같은 것, 원한 같은 것, 시간이 지나도 이런 것이 남지 않더라고요."[3]

이런, 사람을 보는 태도가 노회찬 의원의 말의 밑바닥에 있었다. 완전한 사람은 없다. 그러니, 사람을 무시해도 된다가 아니라, 완전할 것을 기대할 필요도 없고, 완전하지 않다고 실망할 일도 아니라는 것이다. 나 자신을 포함하여 인간이란 원래 그런 존재니까. 이런 태도라면 누구나 만날 수 있고, 누구와도 대화를 나눌 수 있게 된다. 자신을 낮추는 일도 어렵지 않다. 이런 사람이야말로 힘이 세다.

"산봉우리라는 게 어느 하나라도 정상에 오르면 다 보이는구나."[4]

어느 날 가수 나훈아의 인터뷰를 보고 들었던 생각이라고 했다. 평생 노래에만 집중한 가수지만, 세상의 다른 이치도 깨쳤다는 생각을 했다면서 노회찬 의원이 한 이야기다.

나는 노회찬의 이러한 말에서 '타인의 세상'을 충분히 존중하는 정치인을 발견한다. 그걸 또 저리 멋들어지게 표현하다니 샘난다.

1   노회찬 외, 『진보의 재탄생-노회찬과의 대화』 (꾸리에, 2010), 164쪽.
2   앞의 책, 164쪽.
3   앞의 책, 134쪽.
4   앞의 책, 158쪽.

칼 없이도
무너뜨리는
풍자의 전술_토론

권력을 풍자하면 다른 일이 생긴다. 권력을 '웃음거리'로 만드는 순간, 별 것 아닌 것이 된다. 사람들은 싸울 힘이 생긴다.

냉소는 힘없는 비웃음이다. 냉소가 사회에 퍼질 때는 대체로 국가가, 없이 사는 사람들을 영 챙기지 않고, 사회질서는 가진 사람들 편이라는 게 거듭 드러날 때다.

정치 권력, 경제 권력, 사법 권력, 문화 권력 등 우리 사회의 가진 자들의 권력은 막강하다. 권력에 맞서기란 힘든 일이고, 권력에 대항하다가는 내가 피해를 볼 수도 있다. 그러니 보통은 적응한다. 그 과정을 비집고 나오는 것이 냉소주의다. "어차피 이놈의 나라는 안 돼." "노력해봐야 소용없어."

사람들은 통쾌해하지만, 아무것도 안 한다. 그래서 냉소주의는 세상을 바꾸지 못한다. 세상을 바꾸려는 사람들을 힘 빠지게 한다. 어차피 안 되는 세상, 포기하자.

냉소가 아닌 풍자는 함께 맞서게 한다

노회찬 의원도 '웃음'을 무기로 싸웠다. 그러나 그의 전술은 풍자다. 풍자의 대상은 당연히 '권력'이었다.

권력을 풍자하면 사정이 달라진다. 다른 일이 벌어진다. 권력을 웃음의 대상 그러니까 '웃음거리'로 만드는 순간, 별 것 아닌 것이 된다. 사람들은 싸울 힘이 생긴다.

혼자가 아닌 모두가 함께 웃으면 더욱 그렇다. 함께 웃는 것만으로도 연대의 감각이 생긴다. 웃음은 소통의 과정에서 주로 발생한다.

인격이 훌륭하고 사회성이 좋은 사람은 언제나 미소짓는 얼굴을 하고 있다. 반면, 아무 일도 없는 데 혼자 웃고 있으면, 남들이 이상하게 쳐다본다. 그보다는 함께 모여 이야기꽃을 피울 때 웃음이 터진다. 같이 웃는 사람들 사이에는 손 맞잡을 친근감이 생긴다.

그러니 권력을 풍자하는 유머, 그중에서도 사람들과 연대하며 권력을 조롱하는 유머는 세상을 바꾸는 가장 강력한 힘이다. 노회찬 의원의 힘이었다.

강한 자에게 강하기

힘없는 사람을 비꼬면 그것은 혐오다. 힘 있는 자를 비꼬는 것은 풍자다.

강한 자에게 약하고 약한 자에게 강한 사람들이 국회에 너무 많다. 노동자들에게는 눈을 부라리고, 말끝마다 여성 혐오나 일삼는 자들의 천국이 국회라고 한다면 과장인가.

그런 국회의원들이 정작 이건희 삼성그룹 회장을 불러야 할 때는 꼬리를 내렸다. 재선, 3선을 위해 공천에만 목맨다. 자신의 이익을 위해 사는 자들의 속성이다.

국민을 대표하여 국회의원을 하는 사람들은 정반대다. 강한 자에게 강하고 약한 이에게 약하다. 국민을 대표하여 재벌 회장을 부르고, 국민을 대표해서 권력과 싸운다.

노회찬 의원의 풍자는 자유한국당과 박근혜, 이명박 등에서부터 삼성그룹까지 성역이 없었다. 법원도, 한자 쓰기를 좋아하는 국회의원도 모두 그의 공격 앞에 맥을 못 췄다.

노회찬 의원이 풍자를 통해 주로 비꼬았던 것은 그들의 '셀프 권위'다.

권위는 원래 남이 세워주는 것이다. '성원들에게 널리 인정되는 영향력', '남을 지휘하거나 통솔하여 따르게 하는 힘'이 권위다.

그러나 대한민국 기득권층은 자기들이 직접 권위를 세운다. 노회찬 의원은 이렇게 볼썽사나운 꼴을 비꼬았다.

"제가 자유한국당 원내대표라면은, 자유한국당 수명 단축에 모든 노력을 다하겠습니다."[1]

"청문회 하려고 국회에서 국민이 부르는데 해외로 나가 있어라 하는 전경련과 경총의 입장은 마치 '불법업소 단속 나가니까 셔터 내리고 도망가라'는 것과 같습니다."[2]

"우리 국민들은 차라리 외국 법관들을 수입해다가 하거나 아니면 AI 있죠? 인공지능. 인공지능 법관에게 하는 게 더 균형 있는, 공정한 재판 결과가 나오지 않을까 이렇게 생각할 수도 있는 거죠."[3]

상식에 빗대어 부조리를 드러내기

소방관은 불을 끄고, 경찰은 범죄와 싸운다. 도둑질은 부끄러운 일이고 도둑은 잡아야 한다. 이처럼 누구나 동의할 수 있는 상식을 활용해 사태의 문제점이나 모순을 지적하면 이해하기가 수월하다. 노회찬 의원의 전문 분야다.

"최종적인 거는 법으로 결정이 나는 것은 사실입니다. 그런데 법으로 결정 날 때까지 아무 얘기도 안 해야 된다. 그러면 법으로 결정 나기 전에 이승만 하야하라고 한 국민들은 무엇이며, 법으로 결정 나기 전에 전두환 독재 물러가라고 한 국민들은 무엇입니까? 그게 어떻게 다 법으로 결정이 납니까? 불이 나면 불이야 라고 소리를 질러야지 그것이 불인지 아닌지 어떻게 해서 불이 났는지 누가 방화범인지까지 다 조사한 뒤에 '불이야' 이렇게 얘기합니까."[4]

불이 나면 불이야, 라고 소리 질러야 한다. 두말하면 잔소리다. 박근혜 씨 탄핵 국면에서 법적 절차 운운했던 사람들과는 논리적으로 절차가 어떻고, 법은 어떻고를 따지며 싸우기보다 노회찬 의원 같은 공격이 효과적이었다.

한편 공수처를 반대하는 자유한국당 등을 강하게 비판할 때도 소방서 이야기를 동원했다.

> "소방서 신설하는 거 싫어하는 사람은 방화범밖에 없 잖아요. 연쇄방화범은 소방서 싫어할지 몰라도, 소방서 만 들겠다는 데 일반 국민들이 반대할 이유가 없는 거죠."[5]

유사 사례가 또 있다. 자유한국당 염동열 의원은 국회 사법 개혁특위 위원이었는데, 강원랜드 채용 비리 사건 피의자로 검 찰 조사를 받은 이력이 있다. 이 점을 노회찬 의원이 지적했다.

> "소매치기하다가 파출소 잡혀간 사람이 파출소 개혁 하겠다고 하는 것(이다)."[6]

한편, 도둑은 남의 집 담 넘을 때와 노회찬 의원의 말에 출 연할 때 가장 바쁘다.

삼성 X파일로 인한 의원직 상실과 관련해 노회찬 의원이 남긴 어록 중에는 이런 것이 있다.

> "도둑 잡아라 소리 질렀는데, 소리 지른 사람만 왜 이 렇게 소리를 크게 질렀냐 이래가지고 처벌을 받은 사건입 니다."[7]

이명박 정부 당시 국무총리실 산하의 공직윤리지원관실이 민간인 불법 사찰을 한 사실이 드러났을 때다. 새누리당 비대위원장 박근혜는 엉뚱하게도, 확인된 자료 중 80퍼센트는 그전 정권에서 만든 자료라면서 '어느 정권이나 불법 사찰을 하는구나'하고 생각했다고 말했다. 잘못은 반성하지 않고 남을 물고 늘어지는 수법이다. 보통은 '물타기'라고도 하고, '물귀신 작전'이라고도 하는데, 이를 노회찬 의원은 이렇게 지적한다.

> "도둑질하다 잡혔으면 부끄러운 줄 알아야지. '세상에 도둑이 나만 있냐'고 하면 안 되는 것 아닌가."[8]

이 방법은 궁극적으로 '부조리'를 드러내는 방법이다. 너무나 상식적인 상황을 부정하거나 부인하는 사람들의 말과 행동은 부조리 그 자체이니까.

1 〈썰전〉, JTBC, 2018.7.5.

2 〈SBS 시사토론〉, SBS, 2011.8.5.

3 〈김어준의 뉴스공장〉, tbs FM, 2018.6.6.

4 〈JTBC 밤샘토론〉, JTBC, 2016.11.25.

5 〈노유진의 정치카페 시즌2〉, 2016.7.26.

6 〈김어준의 뉴스공장〉, tbs FM, 2018.2.23.

7 『시사IN』인터뷰 쇼, 2017.7.2.

8 〈SBS 시사토론〉, SBS, 2012.4.6.

상대의 힘을
역이용하는
되치기 작전_토론

맞은편에서 달려오는 사람과 충돌하지 않고, 몸을 살짝 피하면서 발을 걸면 상대가 넘어지게 되어 있다. 상대의 힘의 방향은 그대로 둔 채 힘들이지 않고 상대를 제압한다.

듣기 싫은 사람의 말을 그대로 돌려주고 싶을 때 상대방에게 손바닥을 펼치며, "반사!"라고 외치던 시절이 있었다. 그들의 논리를 그들에게 그대로 돌려주다. 페미니스트들을 중심으로 미러링이라는 방법이 한때 인기였다. 미러링이 말하자면 '반사!'다. 적의 논리로 적을 공격하기, 말한 대로 돌려주기다. 당신들 말대로라면 당신들이 가장 문제다! 상대를 직접 겨냥하는 좋은 방법이다.

모기의 논리로 모기를 퇴치하다

노회찬 의원이야말로 반사에 일가견이 있었다.

> "박근혜 한나라당 대표가 기자회견을 열고 국가보안
> 법과 생사를 같이할 것을 선언했다. 이 나라의 역사가 정

도를 걸어왔다면 1972년 10월 국회를 불법적으로 해산하고 무력으로 헌법 기능을 정지시킨 박정희 전 대통령은 '국헌을 문란할 목적으로 폭동한 자'로서 형법상 내란죄로 사형, 무기징역 또는 무기금고에 처해졌을 것이다. 그렇게 되었다면 박근혜 대표가 제1야당의 당대표를 맡는 것도 불가능했을 것이다." (〈난중일기〉, 2004년 9월 9일)[1]

박근혜 대통령 주장의 문제점을 이보다 더 잘 짚어낼 수는 없다. 박근혜는 곧 박정희이므로, 박정희를 거론하는 것은 박근혜를 말하는 것과 같았다. 당신의 말에 당신이 가장 먼저 해당된다는 이야기다.

"남의 피를 빨아먹고 사는 자는 없어져야 해"라고 모기가 말한다면 얼마나 우스운 일인가. 그 어이없음을 노회찬 의원이 정확히 지적했다. 그럼 너부터 없어져.

이런 건 또 어떤가.

"헌법 제3조에 대한민국의 영토가 한반도와 그 부속도서로 되어 있기 때문에 북한은 미수복 지역을 점령하고 있는 반국가단체라고 주장하는 정당들은 한술 더 뜨고 있다. 북한인권법이 그들이 말하는 대한민국 영토에 대한 내정간섭인데도 오히려 환영이란다." (〈난중일기〉, 2004년 9월 30일)[2]

2004년, 북한인권법이 미국 상원을 통과했을 때 이야기다. 국내 보수 세력은 당연히 환영했다. 노회찬 의원은 이 점을 비꼬았다. "북한은 원래 대한민국 땅이라면서? 그럼 북한인권법은 대한민국에 대한 내정간섭인데, 왜 좋아하는 거야?"

생각지도 못한 논리다. 저런 말을 들으면 어디서부터 반박해야 할지 속수무책이 된다. 반사는 이처럼 효과가 좋다. 노회찬이 우리 편이란 게 다행이었다.

"원조 종북이라면 박정희 장군"[3]

입만 열면 종북 타령하는 자유한국당 정치인들에게 그들이 존경하고 사랑해 마지않는 박정희 장군 이야기를 꺼내는 것만큼 효과적인 게 없다. 통합진보당에 대해서 새누리당이 거듭 종북 공세를 펴고 있을 때다. 이런 공격에 "우리는 종북이 아니다"라는 식으로 대응해봐야 종북 프레임만 강화된다. 역시 가장 강력한 공격은 반사다.

진로에서 살짝 피해 발 걸기

노회찬 의원이 〈노유진2〉에 공수처 문제를 다루기 위해 출연했을 때다. 한참 대화를 나누다가 한 출연자가 이렇게 질문했다.

"오늘 새누리당에서 나온 입장을 보니까 초법적 발상이다. 이렇게 언론 플레이를 시작한 것 같아요."

이 질문을 옆에서 듣고 있던 나는 순간적으로 이런 답변을 떠올렸다. "전혀 초법적 발상이 아니다. 고위공직자들도 법을 지키자는 취지에서 공수처를 만들자는 것이다." 이 정도의 방어적 답변이면 충분하겠구나. 노회찬 의원을 바라봤다. 그가 살짝 미소를 지으며 이렇게 답변했다.

> "초법적 발상이 필요합니다. 초법적 범죄들이 넘치고 있기 때문에 기존 법을 넘어서는 법이 요구되고 있는 것이죠."

공세적 답변이다. 상대가 밀릴 수밖에 없도록 짜인 질문을 가볍게 엎어치기하는 대답이었다.[4]

'아, 이렇게 답해야 하는구나.' 또 한 수 배웠다.

맞은편에서 달려오는 사람과 충돌하지 않고, 몸을 살짝 피하면서 발을 걸면 상대가 넘어지게 되어 있다. 상대의 힘의 방향은 그대로 둔 상태에서 기술을 걸어 힘들이지 않고 상대를 제압한다.

유도 같은 운동 경기에서나 보는 장면을 토론에서 보다니. 경기장에서만큼이나 흥분됐다.

*

정면으로 맞서기보다 상대의 공격을 적극적으로 인정하는 편이 나을 때가 있다. 그러고 나면 반격의 방향이 보인다.

예를 들어 새로운 구상을 놓고 토론하던 중에 "그런 건 너무 막연한 두려움 아닌가요?"라고 누군가 문제를 제기했다고 하자.

"두려움 아닙니다", "두려워하지 않습니다." 대부분 이렇게 대답할 것이다. 상대의 주장에 맞서는 말하기다. 나의 말은 9시 방향으로 향하고, 상대의 말은 3시 방향으로 향하니 가운데서 충돌한다. 승부를 가리는 논쟁 방식이다. 긴장은 높아지고, 논의는 느려진다. 패배한 사람은 기분이 매우 나쁘다.

이보다 나은 대답이 있다. "막연한 두려움이 아니라 구체적인 두려움입니다" 정도다. '두려움'이라는 상대방의 주장을 인정하면서도 그 두려움이 '막연한' 것이 아니라 '구체적'인 것이라고 말하면, 내 주장의 설득력도 강화된다. 내가 두려움을 가질 수밖에 없는 명확한 이유가 있다는 뜻이다. 나의 두려움은 정당하다.

그렇더라도 이런 말하기의 방식은 "막연하다"는 상대의 주장에 대한 반발이다. 그러니 부분적으로 충돌이 일어난다. 3시 방향에 있는 나를 향해서 상대가 공격해 오자, 그 공격을 일부는 수용하고 일부는 반박했다. 나의 공격은 6시 방향으로 향한다. 첫째 대답만큼 높은 강도는 아니지만 긴장이 생긴다. 논쟁은 가열된다. 승패를 가릴 수도 있고, 타협을 할 수도 있다. 결과는 모른다.

마지막으로 이런 대답도 가능하다. "말씀하신 게 옳습니다. 막연한 두려움을 가져야 한다고 봅니다. 그래야 그다음에 구체적인 두려움으로 나아가죠." 이게 노회찬 의원이 "초법적 발상"을 말하면서 취했던 방식이다.

상대의 공격을 그대로 흡수해버려 자신의 것으로 재해석해버렸다. 상대의 말의 의미는 나에게로 와서 갑자기 확 넓어지고, 새로운 차원의 뜻을 갖게 된다. 순간 다르게 생각해볼 여지가 생긴다. 상대는 할 말을 찾지 못한다. 자신의 주장을 받아들였기 때문이다. 승자는 상대인 것처럼 보인다. 그러나, 상대의 말을 받아 더 큰 의미의 지평을 열었으니 승자는 나다.

흐름에 올라타 도움닫기

당연히 그렇게 말할 것이라고 생각한 순간 다르게 말할 때가 있다.

> "역대 정권도 소통의 문제가 없었던 건 아닙니다. 그러나 역대 어느 대통령도 임기 중에 인심을 얻는데 관심이 없다. 그러면 국민의 마음을 얻는 데 관심이 없으면 어디에 관심이 있는지…"[5]

이명박 전 대통령 이야기다. 국민의 마음을 얻는 데 관심이 없으면 어디에 관심이 있을까. 여기서 핵심은 '국민의 마음'이다. 이를 얻는 데 관심이 없다는 점을 비판할 경우 습관적으로 우린 이렇게 말할 것이다. "그렇다면 재벌의 마음을 얻는 데만 관심이 있는가?" "기득권층의 마음을 얻는 데만 관심이 있는가?"

말의 구조 자체가 그렇다. 국민의 마음을 얻는 데 관심이 없다는 사실을 비판하며 되물을 때는 '그렇다면 국민이 아닌 다른 존재의 마음을 얻는 데만 관심이 있구나'라고 생각할 수밖에 없다.

하지만 노회찬 의원은 다르게 말했다.

"그러면 국민의 마음을 얻는 데 관심이 없으면 어디에 관심이 있는지, 다른 나라 국민의 인심을 얻겠다는 건지, 도대체 그 관심이 어디에 있는 건지 몹시 궁금합니다."[6]

전혀 생각하지 못한 측면에서 상대의 말의 방향을 유지한다. 바로 앞 문장과 대조적인 문장을 구사해야 논리적으로 마땅한 순간에 말의 흐름에 올라타, 다른 포인트에서 내용을 새롭게 한다.

A: 넌 그 친구와는 달리 인간미가 있어.
B: 그 친구는 안 그래?
A: 그 친구는 인간미가 없어.

이게 통상의 대화다. 상식적이되 재미는 없다. 재밌는 대화는 이런 식이다.

A: 넌 그 친구와는 달리 인간미가 있어.
B: 그 친구는 안 그래?
C: 그 친구는 동물미가 있어.

"인간미가 있다"의 반대말은 전적으로 "인간미가 없다"이다. 그런데, 이럴 때 '○○미가 있다'는 말의 방향을 그대로 유지하면서 일부를 바꾸면, "동물미가 있다"가 튀어나온다. 예측 가능한 범위를 벗어나며 말이 재미있어진다. 아래 사례들도 그렇다.

"이 사건과 관련해 한나라당은 입이 열 개라도 할 말이 없어야 한다는 열린우리당 원내대표의 말은 옳다. 그렇다면 열린우리당은 입이 다섯 개라도 할 말이 없어야 한다는 것이 지금 국민들의 생각이라는 걸 그는 알아야 한다."[7]

"새누리당의 반값등록금은 사실 반의반값등록금이다."[8]

1   노회찬, 『노회찬의 진심』 (사회평론, 2019), 62쪽.

2   앞의 책, 84쪽.

3   〈김현정의 뉴스쇼〉, CBS 표준FM, 2012.6.11.

4   강상구, "'삼겹살 불판론' 히트시킨 노회찬 유머의 비밀",
    〈오마이뉴스〉, 2018.10.4. 이 기고 글을 일부 수정함.

5   〈100분 토론〉, MBC, 2009.11.19.

6   〈100분 토론〉, MBC, 2009.11.19.

7   노회찬, "X파일의 본질이 '도청'이라고 말하는 자 누구인가?",
    〈프레시안〉, 2005.7.27.

8   〈심야토론〉, KBS, 2012.4.7.

그들만의 리그에
잽 날리기_정치

의미의 핵심 포인트를 의도적으로 옮기는 경우가 있다.

상대방이 생각하는 핵심 말고 다른 포인트를 짚어 중심을 흔든다.

제대로 먹히면 논점이 급격히 변한다.

정치판은 특유의 수사학으로 돌아간다. 특정 이슈나 현상에 특정 정치 세력의 판단을 담은 이름을 붙여 반복, 재생산하며 벌이는 '프레임 싸움'이 대표적이다. 어떤 세력이 어떻게 이름 붙이는가를 보면, 사태를 바라보는 그들의 입장을 확인할 수 있다. 치가 떨리지만, 세월호 참사를 '교통사고'라 부르는 자들도 그들 나름대로 이름 붙이기를 한 것이다.

노동시장 유연화인가 불안정화인가

다수에게 불공정하지만 자기들에게는 유리한 것에 좋은 이름 붙이기는 나쁜 사람들의 오래된 습관이다. 효과가 꽤 좋다. 전두환이 체육관에서 대통령을 뽑으며 "한국식 민주주의"라는 말로 정당화했듯이 말이다. 노회찬 의원은 이를 간파하고 있었다.

이런 이름 중 '노동시장 유연화'가 지난 20년 동안 특히 문제였다. 이 분야의 금메달 격이다.

내가 대학을 다닌 90년대 초반만 해도 정규직이라는 말이 없었다. 1997년 이후 신자유주의가 본격화되면서 과거와는 다른 유형의 일자리들이 생겼다. 그러면서 예전 유형을 정규직, 새로 생긴 것을 비정규직이라고 부르기 시작했다. '노동시장 유연화'다.

사람들은 공무원을 애증의 눈으로 바라본다. 취업 준비생 10명 중 서너 명은 공무원 시험 공부를 하면서도 공무원을 '철밥통'이라며 비아냥거린다. 안정된 직업의 중요성을 이미 알고 있어서다. 그래서 공무원이 되려고 하지만, 그 때문에 공무원에게 분노한다.

사실 문제는 철밥통 그 자체가 아니다. 직장은 기본적으로 철밥통이어야 한다. 철밥통이 아닌 일자리가 문제다. 이런 점에서, 노동시장 유연화는 사실 노동시장 불안정화다.

그런데도 노동시장 유연화라는 말을 쓴다. 초등학생 아무에게나 물어보자. "너는 1번 유연화, 2번 경직. 이 중에 어떤 말이 좋아?" 다들 1번 유연화가 좋다고 할 것이다.

우리도 평소에 유연하다는 말은 좋은 의미로 쓴다. "너는 어쩜 그렇게 생각이 경직되었어? 본받고 싶어", "몸이 참 경직됐네. 부러워라", 이렇게 말하는 사람은 없다.

그런데 아무 때나 잘릴 수 있고, 때 되면 그만둬야 하고, 진짜 사장은 다른 곳에 있고, 노동자인데 자꾸 자영업자라 불리는 그런 일자리를 만들어놓고 '유연화'라는 좋은 말을 붙이니 헷갈린다.

결론이다. 노동시장 유연화는 사장님 용어다. 노동시장 불안정화가 노동자의 용어다.

말을 어떻게 붙이느냐는 누가 이익을 얻는가와 이어지는 문제다. 그래서 나쁜 것에 좋은 느낌의 단어를 붙이는 사람들이 사라지지 않는다.

복지는 함께 쓰기

노회찬 의원은 북유럽 사회민주주의를 매우 의미 있는 사회체제로 봤다. 사실 현대 자본주의의 현실에서 그만한 사회를 만들기가 쉽지 않다. 노회찬 의원은 그중에서도 특히 복지지출이 매우 높다는 점에서 스웨덴을 주목했다. 진보 정당 초창기부터 복지국가가 그의 주된 관심사였기 때문이다.

스웨덴의 복지지출에 대해 노회찬 의원은 이렇게 표현한 적이 있다.

"스웨덴은 GDP의 57퍼센트를 함께 써요."[1]

감탄했다. "함께 써요", 얼마나 좋은 말인가. 복지에 쓴다는 말보다 훨씬 따뜻하고 좋다. 복지의 진짜 의미는 '불쌍한 사람 돕는다'가 아니라 '함께 쓴다'다.

노회찬 의원의 "함께 쓴다"는 복지를 설명하는 가장 인간적인 말이다. 보통은 '스웨덴의 복지지출이 GDP의 57퍼센트에 달합니다' 정도로 표현했을 것이다. 하지만 여기에 '함께'라는 단어를 넣어 말한 순간 좋은 이미지 급상승이다.

좋은 일에는 좋은 단어, 긍정적 이미지의 표현을 사용해야 좋은 느낌이 산다.

응용 1. 상대의 프레임을 정확히 지적하기

"지난 20년간의 역사적 진전에 대한 이른바 수구 세력들의 반격이 존재합니다. 이들은 그동안 정치적 기득권을 상실한 상태로 지내왔지요. 니들이 권력을 쥐고 마음대로 하지 않았느냐, 우리도 그렇게 할 뿐이다. 이건 분명 정치 보복 차원의 행위들인데 마치 권력 게임처럼 보이게 만들려고 하고 있지요."[2]

똑같은 행위라도 '정치 보복'이라 부르는 것과 '권력 게임'이라고 부르는 것은 큰 차이가 있다. 노회찬 의원은 보수 세력이 정치 보복을 하고 있으면서도 그것을 마치 권력 게임처럼 보이게 만들려고 한다고 비판했다.

2004년 당시 노무현 정부는 국가보안법을 폐지하려고 했다. 반대가 극심했다. 이때 노회찬 의원은 '국가보안법을 둘러싼 논쟁의 본질은 사상전이 아니라 심리전'이라고 했다.(〈난중일기〉, 2004년 9월 5일) 기가 막힌 이름 붙이기다. 국가보안법은 수십 년간 국가의 안보가 아니라 지배 세력의 안보를 지켜왔다. 국가 안보에 기여한 적 없는 국가보안법을 폐지하면 국가가 위기에 빠질 것처럼 말하는 사람들은 사실 거짓을 선동하는 것이라고 그는 주장했다. 그의 말을 듣고 보니, 확실히 당시 싸움의 본질은, 무엇이 국가 안보를 위한 길인가를 둘러싼 사상전이 아니라, 일부 세력이 국민을 불안에 떨게 하여 자신의 기득권을 유지하려는 심리전이었다.

2018년에 각각 불법 자금 수수와 채용 청탁 혐의로 구속영장이 청구된 홍문종, 염동열 두 의원에 대한 체포동의안이 20대 국회에서 부결됐을 때 노회찬 의원은 반대표를 이렇게 규정했다.

"정확히 얘기하면 동병상련표"[3]

당시 체포동의안 부결 사태는, 국민은 이해하지 못하지만, 국회의원들이 자기들끼리 이심전심이었기 때문에 벌어진 일이다. 이 점을 노회찬 의원은 "동병상련표"라는 규정을 통해 정확히 꼬집었다.

응용 2. 논점의 중심을 흔들기

운동 경기에서는 무게 중심을 지키는 것이 중요하다. 상대의 움직임을 급하게 따라가다 무게 중심을 잃으면 넘어진다. 펜싱, 유도는 물론, 축구, 농구에서도 그렇다. 중심을 자유자재로 옮기면서 상대의 자세를 흐트러뜨리는 선수가 잘하는 선수다.

의미의 핵심 포인트를 의도적으로 옮기는 경우가 있다. 상대방이 생각하는 핵심 말고 다른 포인트를 짚어 중심을 흔든다. 주로 토론할 때 쓰는 방법이다. 이 방법이 제대로 먹히면 논점이 급격히 변한다.

안희정 전 충남도지사의 성폭행 사건 이후 자유한국당이 주장했다. "민주당은 충남도지사 후보를 공천하지 말아야 한다." 맞는 말이다. 틀린 말이 없다. 이럴 때 새로운 논점을 제기하기란 쉬운 일이 아니다. 이 어려운 걸 노회찬 의원이 한다.

> "그럼 그 당은 뭡니까? 그 당은 한국에서 후보 못 내야 지."[4]

자유한국당이 말한 핵심 포인트는 민주당이 공천한 도지사가 죄를 지어 그만두었으니, 다시 후보를 내서는 안 된다는 것이었다. 여기에 노회찬 의원은 '너나 잘하세요'로 응수했다. 뒤이어 이렇게 말한다.

> "정치 공방의 소재로 삼기보다는 스스로 오히려 우리 는 그런 게 없나 이렇게 살펴보고 자성하는 계기가 되어야 한다."

안희정 전 도지사가 잘못한 건 맞지만 '자유한국당이 그런 말을 할 자격이 있지는 않다', '오히려 자성하는 계기로 삼아야 할 일을 정치 공방으로 몰아가고 있다'고 비판한 것이다.

이 말로 자유한국당의 '맞는 말'의 중심은 흐트러지고, 논점이 달라졌다. 문제 후보의 정당이 다시 공천을 할 것이냐 아니냐가 아니라 자성이냐 정치 공방이냐로.

> 안상수: 사실은 우리 당 정책이 찬찬히 뜯어보면 잘 돼 있어요. (…) 그전에 블라인드로, 대학생들을 위한 정책을 선택하게 한 적이 있어요. 그랬더니 새누리당 정책에 훨씬 더 투표를 많이 한 거예요.
> 노회찬: 거기 당명이 있으면 안 됩니다.
> 안상수: 그러니까요.
> 노회찬: 왜냐하면 안 지킬 걸 아니까.[5]

마지막 직전까지 논리의 맥락만 본다면, '억울하시겠네요', '블라인드 테스트가 그런 면이 있죠' 혹은 '왜 그럴까요?' 등이 적당한 말이다. 그러면 맥락은 유지되고, 새누리당 정책이 알고 보면 그렇게 나쁘지 않다는 상대방의 핵심 포인트는 지켜질 수 있다.

그런데 노회찬 의원은 말 한마디로 상대의 중심을 흔들어버렸다. "왜냐하면 안 지킬 걸 아니까."

새누리당이 아무리 좋은 정책을 내놓아봐야, 결국은 '입발림에 불과하다'는 결론으로 이 논의는 끝나버렸다. 블라인드 테스트를 하면 대학생들이 새누리당 정책을 많이 선택한다는 주장에는 어떤 궁금증도 남지 않게 되었다. 이렇게 맥락을 확

비트는 접근은 상대를 종종 무력화시킨다.

> "방금 YTN 전화 인터뷰하는데 광화문에 박정희 전 대통령 동상 세우자는데 어떻게 생각하냐고 묻네요. 어이없는 주장이지만 조건부 찬성이라 답했습니다. 어떤 조건이냐 묻길래 광화문 지하 100미터에 묻는다면 검토할 수 있다고 답했습니다."[6]

의외였다. "조건부 찬성"이라니 노회찬 의원의 입에서 나왔다고 생각할 수 없는 말이다. 곧바로 그는 허를 찌른다. "광화문 지하 100미터에 묻는다는 조건."

사실은 땅에 묻어버려야 한다는 의미다.

역사에 역행하는 자들이 있다. 박정희는 동상을 세울 게 아니라 땅에 묻어야 한다. 노회찬 의원은 이런 심정을 통쾌하게 대변했다. 사람들은 예상 밖의 말에 의외성을 느끼고, 예상의 안쪽으로 다시 돌아와 자기 생각과 일치하는 결론에 도달하는 노회찬 의원의 말에 안도감과 유쾌함을 느낀다.

메시가 축구공을 가지고 놀 듯, 김연아가 빙판 위에서 화려하게 플레이하듯, 노회찬 의원은 말의 맥락을 바꿔가며 놀았고, 화려하게 플레이했다. 세 사람 다 핵심 기술은 자유로운 중심 이동이었다.

프레임이 가린 본질을 드러내기

국회의원이 예산이나 기금상의 조치가 따라야 하는 법률안을 발의하는 경우 예산 명세서를 함께 제출하게 되어 있다. 가족끼리 한 달에 한 번 외식을 하자는 규칙을 제안하면, 비용이 얼마나 될지도 함께 제시하는 게 맞다. 그러나 그런 의원들이 많지 않았다.

> "예산 명세서가 반드시 첨부되어야 할 법안 중에서 실제 첨부한 경우는 제13대 국회에서 16.3퍼센트, 14대 17.3퍼센트, 15대 5.3퍼센트, 16대 18.4퍼센트, 17대 14.2퍼센트에 불과했다. 이 비율은 국회의원 중에서 국회법을 준수하는 의원의 비율로 해석해도 무방할 것이다."(〈난중일기〉, 2004년 9월 6일)[7]

노회찬 의원은 이를 지적하며, 예산 명세서를 첨부한 의원의 비율이 "국회법을 준수하는 의원의 비율"이라고 해석했다. 국회의원의 비율까지만 얘기했더라면 '생각보다 적네', '심각하네' 정도로 생각했을 일이다. 그러나 그 뒤에 '국회법을 준수하는 의원의 비율'이라는 말을 덧붙이는 순간 이 상황은 국회가 얼마나 책임 없이 돌아가는지 폭로하는 상징이 된다. 국회의원이 법 정도는 가볍게 무시하는 사람들임을 여실히 드러낸다. 숫자만으로는 파악하기 어려웠던, 숫자 속에 감춰진 사태의 본질을 정확히 보여주는 것이다.

2005년 9월에 국회 정치개혁특위(이하 '정개특위')가 출범했다. 직전 국회의 정개특위는 부족하지만 몇 가지 개혁을 이루었다. 하지만 제17대 국회 정개특위는 달랐다. 국민 눈치 보며 겨우 통과시킨 개혁이 자신들의 호흡 곤란의 원인이라는 듯 굴었다. 첫날부터 '비현실적인 선거법과 정치자금법'을 고쳐야 한다는 분위기가 팽배했다.

더욱이, 정개특위의 민간 자문기구인 범국민정치개혁협의회가 국민의 요구가 강력할 때는 국회에 압력을 넣는 수단이지만, 국회의원의 욕망만이 강력할 때는 국회의원의 민원 해결 창구가 될 수도 있다는 점을 노회찬 의원은 우려했다. 이를 노회찬 의원은 범국민정치개혁협의회가 "제 머리 못 깎는 정치인들의 민원 관철 이발소"라는 말로 비판했다.

"제17대 국회의 자문기구인 정개협(범국민정치개혁협의회)은 '제 머리를 직접 깎지 못하는 정치인들의 민원을 관철시키는 이발소'로 전락하지 않을까, 하는 우려가 점점 커지고 있다. 이 '이발소'의 첫 결정이 '논의의 비공개'였다는 것도, 대표 이발사가 라디오 방송에 출연하여 '머리를 깎아주겠다'고 호언장담하고 있는 현실도 주목할 만하다." (〈난중일기〉, 2005년 2월 15일)[8]

2017년에 법원행정처가 법원 내부에서 가장 큰 판사 연구단체인 국제인권법연구회의 총무이사였던 이탄희 판사를 법원행정처로 '겸임' 발령하고, 블랙리스트 업무를 시켰다가 거절당한 일은 유명하다. 사법부 블랙리스트 사건의 시작이었다. 그런데 국회가 법원행정처장에게 요구하여 받은 보고서 제목이 「겸임해제사건 관련 보고」였다. 프레임 전쟁에 나선 자들은 이렇게 교묘하다. 가장 예리한 비판이 노회찬에게서 나왔다.

> "양승태 대법원장과 법원행정처는 블랙리스트의 존재를 시인하지 않고 있다. 그래서 보고서 제목도 '겸임해제사건'이다. 마치 '박종철고문치사사건'을 '박종철학업중단사건'이라 부르는 것과 같다. 뿐만 아니다. 법원행정처가 중복가입 불허 운운하며 인권법연구회 탈퇴를 종용한 조치를 '중복가입해소조치'라 표현하고 있다." (〈난중일기〉, 2017년 8월 24일)[9]

블랙리스트 사건이 겸임해제사건이라면, 박종철고문치사사건은 박종철학업중단사건이다. 사태의 본질이 선명하게 보인다.

유사한 일들이 많았다. 이름을 어떻게 붙이느냐에 따라 같은 사건이라도 성격이 달리 규정된다.

> "'나영이 사건'이 아니라 '조두순 사건'으로 불러야 하듯이, '김제동 사태'는 'KBS 사태'로 불러야 합니다. 물론 손석희 씨까지 거론되는 걸 보면 이 일련의 일들은 '이명

박 사태'라 불러야 적확할 것입니다." (트위터, 2009년 10
월 12일)[10]

이러한 프레임 싸움을 통해 노회찬 의원이 드러내려고 했
던 것은 사태의 본질이다.

1 손민규, "노회찬 "진보정당이 추구하는 사회는 북유럽"", 〈채널예스〉, 2015.1.6.

2 노회찬 외, 『진보의 재탄생─노회찬과의 대화』(꾸리에, 2010), 220쪽.

3 〈김어준의 뉴스공장〉, tbs FM, 2018.5.23.

4 〈김어준의 뉴스공장〉, tbs FM, 2018.3.7.

5 〈썰전〉, JTBC, 2018.7.5.

6 노회찬 트위터, 2016.11.3.

7 노회찬, 『노회찬의 진심』(사회평론, 2019), 54쪽.

8 앞의 책, 125쪽.

9 앞의 책, 342쪽.

10 앞의 책, 386쪽.

갈 때가 된 판은
과감하게 메치기_
정치

기존의 논쟁 틀과 전혀 다른 프레임을 제시하면 새로운 인식의 지평이 열린다. 사람들이 완전히 다른 각도에서 생각하기 시작한다.

노회찬 의원의 말은 종종 관습적 시선과 구도를 뒤집어버리는 힘을 발휘했다. 단순히 그 말이 놓인 상황이 아니라, 말들이 얽혀 빚어내는 논의의 방향을 재점검하게 했다. 듣는 이로 하여금 말의 앞과 뒤, 본질과 허울 사이를 오가게 이끌었던 그의 전략을 살펴보자.

9회말 역전승 수준의 논리 뒤집기

토론하면서 가장 통쾌할 때는, 얼핏 밀릴 것 같은 내용에 새롭게 의미를 부여하여 전세를 역전시키는 경우다.

예를 들어보자.

"싫어하는 사람 안 만난다. 나에게 아무 도움도 안 된다. 그런 사람 만나면 즐겁지 않다. 괴롭다. 그런데 그 사람에게서도 '저 사람처럼 하지 말아야지' 하며 배울 것이 있다면 좋은 일이다. 얼마나 좋나, 그 사람이 나에게 도움이 되는 사람이니. 그러니 즐겁게 만난다."

이런 게 논리의 역전이다. 똑같은 상황에 대해 정반대의 해석을 부여해서 완전히 반대되는 결론을 내린다. 간단한 예로는 '물이 반 컵밖에 안 남았다'를 '물이 반 컵이나 남았다'로 바꾸기가 있다.

논리의 역전이 성공하면, 사람들은 대개 감탄과 함께 이렇게 반응한다. "듣고 보니 그 말이 맞네."

"다른 나라에서는 고등학교를 졸업하고 할 수 있는 일을 우리는 대학 나와서 하고 있다는 거죠. 사회적으로 굉장히 낭비인 거죠. 우리가 정말 열등한 유전자를 가진 민족이 아니라면 왜 12년 교육받고 할 일을 16년 교육받아서 해야 하냐 이거죠."[1]

대한민국은 대학 진학률이 전 세계적으로도 매우 높은 나라, 문맹률이 현저히 낮고 학력 수준이 높은 나라라는 점을 자랑스러워한다. 그런데 이 점을 완전히 정반대로 해석한다. 문제점이 또렷이 보인다.

진짜 토론을 잘하는 사람은 이렇게 한다. 이런 기술을 한 번씩 발휘할 때 사람들은 무언가 신묘한 자연 현상을 본 것처럼 놀란다. 대개는 한 번도 생각해 보지 못한 접근법일 때가 많아서 더 그렇다. 이재용 삼성그룹 부회장 구속 때도 노회찬 의원은 이런 논리를 구사했다.

"불행한 것은 재벌 3세다. 이건희 회장이 2008년 특검에서 구속되었다면 정경유착의 3대 세습은 근절되었을 것이며, 박영수 특검에 의해 이재용 부회장이 구속되는 일은 없었으리라 나는 확신한다."(〈난중일기〉, 2017년 3월 6일)[2]

상식을 가진 사람이라면 누구도 구속된 이재용 부회장을 동정하지 않았다. '통쾌하다', '잘했다', '이제야 정의가 바로 서는구나' 같은 반응들이 일반적이었으나, 노회찬 의원은 정반대로 접근했다. 하고 싶은 이야기는 역대 재벌 수사에 얼마나 문제가 많았었는가이다. 그 점을 "이재용 부회장이 불행하다"는 식으로 뒤집어 설명했다.

2004년 총선 당시의 일이다. 노무현 대통령 탄핵 사태 이후 여론이 안 좋았다. TV토론에서 이를 두고 격돌했다. 탄핵을 주도했던 한나라당과 새천년민주당은 언론을 트집 잡았다. 하루 종일 탄핵 보도만 계속하는 것은 너무 심하다고 주장했다. 어떤 토론자는 '언론 조작'이라고까지 말했다. 가만히 듣고 있으면 정말 언론이 너무한 것 아닌가 하는 생각이 들 정도였다.

그때 노회찬 의원이 일갈했다.

"그날 3월 12일 날 국회에서 탄핵 가결한 걸 잘했다고 생각하시면서, 한나라당과 민주당이 스스로 잘했다고 하는 일을 한국방송공사(KBS)가 12시간 틀고 있으면 KBS에 고맙다고 해야 하는 것 아닙니까."[3]

9회 말 역전승 수준의 뒤집기다.

단계 1. 기존의 틀 깨기

무상급식 논쟁이 한창일 때, 보수 진영에서는 "부자들에게까지 공짜 밥을 줄 필요는 없다"고 주장했다. 보편적 복지를 주장하는 진보 진영과 복지 늘리는 것을 싫어하는 보수 진영의 싸움이었으나 보수 진영이 '부자 공짜 밥 불가론'을 들고 나왔다. 얼핏 진보 진영이 했어야 할 말 같았다. 논점이 엉켰다.

프레임이 이렇게 만들어지면, 토론은 '가난한 사람에게만 무상급식을 할 것인가', '부자에게도 밥을 공짜로 줄 것인가'의 대결이 된다. 몇 날 며칠을 논의해도 이 틀을 벗어나기 힘들다.

그때 노회찬 의원이 새로운 프레임을 제시했다.

"밥을 안 주면 세금을 안 내요. 세금을 얼마라도 받기 위해서는 밥을 줘야 해요. 그렇게 말해야지. 대기업에게 세금 받으려고 밥 준다고."[4]

기존의 논쟁 틀과는 전혀 다른 접근법이다. 중요한 건 누군가에게 공짜 밥을 줄 것인가 안 줄 것인가가 아니라, 세금을 벌이에 맞게 낼 것인가 그렇지 않은가이다. 새로운 인식의 지평이 열린다. 사람들이 전혀 다른 각도에서 생각하기 시작한다.

이제 논의는 다른 방향을 향한다. '부자에게 세금을 많이 걷고, 대신 밥을 줄 것인가' 혹은 '세금을 적게 걷고, 밥을 안

줄 것인가.'

단계 2. 다른 각도에서 바라보기

다른 시선으로 바라보는 것이 중요하다.

하나의 사물을 보더라도 늘 하던 대로 동쪽에서만 보지 않고 서쪽에서, 북쪽과 남쪽에서도 바라봐야 한다.

"어? 그런 면이 있었어?"

다른 시선은, 그 시선이 사람들의 심연을 정확히 반영할 때 특히 환영받는다.

대학 등록금을 무상으로 하는 게 좋은가 안 좋은가를 두고 논쟁이 붙었을 때다. 복지 논쟁이 늘 그렇듯이 예산 부담 수준이 쟁점이었다.

이럴 경우 한쪽은 '복지 확대'를 주장하고, 상대는 '세금 낭비'라고 되받는다. 양쪽 다 전력이 만만치 않다. 접전이다. 둘은 서로 반대 주장을 하는 것 같지만 사실 근본적인 생각은 똑같다. 복지 확대를 외치는 쪽에서는 '돈이 많이 들더라도' 혹은 '돈을 많이 들여' 복지를 확대해야 한다고 생각한다. 반대편에서는 그렇게 '돈을 많이 들이면' 세금 낭비라고 믿는다. '막대한 재정 지출'에 관한 한 두 진영의 인식은 같다.

노회찬 의원은 여기에서도 새로운 접근법을 제시했다.

"대학 등록금은 개인에게 맡길 문제가 아니라 기회 균등의 문제이다."[5]

"무상교육이란 단지 비용의 많고 적음을 뜻하는 것이 아니라 기회 균등이라는 교육의 목적과 공공재라는 실현 방법에 대한 표현입니다."[6]

　　이렇게 되면 논쟁의 국면은 달라진다. 한쪽이 '기회 균등'을 주장하면, 상대는 글쎄 뭐라고 주장할지 잘 모르겠다. 잘 구상된 프레임은 상대를 할 말 없게 만들어 버린다. 위력적이다.

　　야구든 축구든 홈경기가 유리한 법이다. '홈 어드밴티지'가 실제로 있는지는 모르겠지만 확실히 안방 경기에서 홈 팀은 위력적이다.

　　프레임을 자신에게 유리하게 바꾸는 건 자신에게 익숙한 경기장으로 상대방을 불러들이는 일이다.

단계 3. 서민의 입장에서 다시 보기

노회찬 의원의 홈 경기장은 바로 '국민'이었다. 그중에서도 평범한 서민들이 바로 노회찬 의원의 '안방'이었다. 서민의 눈으로 바라보기, 노회찬 프레임의 핵심이다.

　　"386이라는 말 속에는 대학을 졸업했다는 말이 들어가 있다. 하지만 1960년대에 태어난 30대 중에는 8(1980년대 학번)자가 없는 사람들이 있다. 대학에 못 가고 고교 졸업 후 노동자로 취업한 사람들이다. 나는 이들을 '306세대'라 부른다."[7]

"지난 50년간 국가보안법이 지킨 것은 이 나라의 안보가 아니었다. 총칼로 일어선 독재 정권과 노동 3권을 유린하던 악덕 기업주의 안보를 지켰을 뿐이다."(〈난중일기〉, 2004년 9월 5일)[8]

그는 이렇게 노동자와 농민이 한국 경제 발전의 진짜 주인이었다는 사실을 불현듯 일깨운다. 국가가 사실은 국민이 아니라 기업을 지키는 데 몰두해왔다는 사실을 폭로한다. 서민의 눈으로 세상을 본다는 건 이런 것이다.

1 노회찬 외, 『진보의 재탄생−노회찬과의 대화』 (꾸리에, 2010), 349쪽.
2 노회찬, 『노회찬의 진심』 (사회평론, 2019), 332쪽.
3 〈심야토론〉, KBS, 2004.3.20.
4 노회찬·유시민·진중권, 『생각해봤어?』 (웅진지식하우스, 2015), 341쪽.
5 노회찬 외, 『진보의 재탄생−노회찬과의 대화』 (꾸리에, 2010), 288쪽.
6 앞의 책, 356쪽.
7 구영식·노회찬, 『대한민국 진보 어디로 가는가』 (비아북, 2014), 80쪽.
8 노회찬, 『노회찬의 진심』 (사회평론, 2019), 53쪽.

먼 시야를 열어주는
높이 뛰기_정치

노회찬 의원이 "공권력을 투입해서라도 물과 음식물을 반입해야 한다"고 말했을 때 공권력의 의미를 다시 생각해봤다. 공적 권력이란 무엇인가. 우리는 공적 권력을 어떻게 다시 구성해야 하는가.

"분노는 짧지만 희망은 깁니다. 분노는 뜨겁지만 물도 끓일 수 없습니다. 희망은 종유석입니다. 흘린 땀과 눈물이 하루하루 만들어가는 돌기둥입니다."(트위터, 2009년 12월 1일)[1]

인간을 먼저 생각하고, 부당한 권력에 대한 비판을 멈추지 않은 노회찬 의원은 기본적으로 세상을 낙관했다. 그 낙관의 힘으로 분노보다는 희망을 심으려 했다. 그의 낙관 덕에 우리의 시야는 보다 먼 곳을 향할 수 있었다.

끝내 희망에 닿으려 했던 말

"저는 기본적으로 좀 낙천적이고 낙관적이고요. 그리고 웃는 것에 대한 자부심이 강합니다. 왜냐하면 울 수 있는 동물은 많지만 웃을 수 있는 동물은 인간밖에 없는 것으로 제가 알고 있기 때문에. 인간의 매력이기도 하고 자부심이기도 하고. 그리고 웃어야지 어떡하겠습니까. 인생이 한 번밖에 없는데 즐겁게 살다 가야 되지 않겠습니까? 저는 그런 신념을 어릴 때부터 갖고 있었기 때문에."[2]

즐겁게 살다 가야 된다고 말하는 사람이 평생을 헌신했다. 그 와중에도 그는 '낙관의 에너자이저'였다. 전두환 정권하에서 노동운동을 할 때도, 처음 진보 정치에 나서며 다른 생각을 가진 사람들한테 갖은 비난을 받을 때도, 결국 어려움을 딛고 정당을 출범시켰을 때도 그는 낙관으로 일관했다. 백만 스물한 번, 백만 스물두 번….

"저는 솔직히 제가 이 길을 처음 떠날 때 생각했던 것보다는 굉장히 잘 되고 있다는 생각도 드는 거예요. 87년도 7~8월 노동자대투쟁이 벌어졌을 때 저는 살아생전에 그런 일이 벌어질 거라고 예상을 못했거든요."[3]

그러니까 20대 때 노회찬 의원은 평생 독재 정권하에서 감옥이나 들락거리면서 살 거라고 생각했다. 그런 각오로 살던 사람의 눈앞에 노동자들의 대투쟁이 벌어졌으니, 역사의 역동성이 노회찬 의원의 낙관을 만들었다. 난 87년 노동자대투쟁 세대는 아니지만, 선배들에게 그 당시 이야기를 이따금 들었다. 파란 작업복을 입은 수만 명의 사람이 끝도 없이 행진하는 광경을 보며 '내 평생 이런 날이 오는구나'라고 생각했던 활동가들의 말에 덩달아 감격했다.

정치가 무엇인지를 다시 묻다

노회찬 의원은 예리한 관점으로 일상과 정치에 스며들어 있는 습관적 시선의 문제를 들췄다.

> "민주노동당은 민생 투어를 하지 않는다. 왜냐면 민주노동당에게 민생 현장은 바로 고향이고 또 삶의 현주소이기 때문이다. 자기 고향을 '여행'하고, 자기 마을을 '관광'하며, 자기 집을 '견학'하는 사람은 없다. '민생 투어'를 한다는 것은 '민생 현장'이 바로 남의 고향이고, 다른 사람들의 마을이며, 남의 집안일이기 때문이다." (〈난중일기〉, 2004년 3월 27일)[4]

민생 관광이라니. 우리 사는 걸 와서 구경한다고? 당신들의 나라는 어디인가.

'표밭'이란 말도 마찬가지다. 상추밭에서 상추 따듯이 우리가 사는 곳에 와서 표만 따서 가겠다는 발상이다. 상추 따서 가는 사람이 밭주인인데, 그럼 정치인이 우리 주인이라도 되나. 이 말에 의하면, 상추밭의 주인이 상추가 아니듯이 표밭의 주인도 표를 가진 유권자가 아니다.

> "왜 우리에겐 오십, 육십이 되어도 현장을 지키는 언론

인, 방송인이 드문가? 동료나 후배가 검찰총장이 되면 사표 쓰고 나오듯이 아나운서도 기자도 나이가 들면 국장, 본부장, 사장 혹은 부장, 편집국장이 되거나 아니면 직업을 바꿔야 하는가? 대통령보다 더 경륜 있는 언론인, 대법관보다 더 존경받는 기자나 5선 의원보다 더 영향력 있는 방송인은 있으면 안 되는가?" (〈난중일기〉, 2006년 1월 31일)[5]

2006년 당시 손석희 아나운서가 MBC에 사표를 내고 대학교수로 간다고 했을 때 노회찬 의원이 한 말이다. 손석희 아나운서는 학생을 가르치더라도 방송은 계속할 생각이 있었다고 했다. 노회찬 의원이 진짜 하고 싶었던 말은 다음 이야기이다.

"그런 그에게 정치권 일각에서 지방선거 출마를 점치거나 영입설을 흘리는 것은 실로 '인간에 대한 예의'가 아니다. 능력 있고 잘 알려진 사람은 모두 정치를 해야 하는가?", "그간 우리의 정치권은 선거라는 권력 투쟁의 장에 1회용으로 활용하기 위해 얼마나 많은 각 방면의 전문가들을 희생시켜 왔는가?" (〈난중일기〉, 2006년 1월 31일)[6]

조금만 알려지면 정치를 하는 사람들. 조금만 유명해져도 영입에 혈안이 되는 정치권. 정치는 그런 게 아니다. 정치는 '더욱 유명해지는 자리'도 아니고, '다른 분야에서는 못다 한 권력을 누리는 자리'도 아니며, 무엇보다 '더 높은 자리'가 아니다.

그런데도 대한민국 정치는 각 분야의 전문성을 가진 사람들과 명망가들이 마치 '승진을 기대하는 직장인'들처럼 모여드는 영역이다. 덕분에 '정치의 전문성'은 축적될 틈이 없고, 다른 분야의 전문가들은 정치인만한 영향력이 없다.

정치로 무엇을 해야 하는지를 새로 묻다

말이 뒤통수를 탁 치는 느낌이 들 때가 있다. 뒤를 돌아보면 노회찬 의원이 있다. 듣는 순간 나의 습관적 사고가 들통난다. 정신이 확 든다.

이 말을 들을 적에 그랬다.

> "경찰 말대로 쌍용 회사 측이 식수와 음식물 반입을 막고 있다면 공권력을 투입해서라도 물과 음식물을 회사 안으로 반입해야 합니다. 원래 공권력은 이럴 때 쓰라고 존재하는 것입니다." (트위터, 2009년 7월 30일)[7]

이전까지 나에게는 확실히 편견이 있었다. '공권력'은 집회를 하고 있는 우리를 진압하는 사람들이다. '공권력 투입'은 시위를 하고 있는 시민들에게 물대포를 쏘는 일이었다. 촛불 집회의 경험이 있는 상당수가 나와 비슷하게 생각했을 것이다.

노회찬 의원이 "공권력을 투입해서라도 물과 음식물을 반입해야 한다"고 말했을 때 난생 처음으로 공권력의 의미를 다시 생각해봤다. 부끄럽지만 사실이다. 공적 권력이란 무엇인

가. 우리는 공적 권력을 어떻게 다시 구성해야 하는가. 새롭게 만들어진 공적 권력은 무슨 일을 해야 하는가.

"압도적 체제 선전은 대한민국이 하고 있는 거예요."[8]

평창올림픽을 둘러싸고 논쟁이 한창일 때 자유한국당은 이 올림픽이 북한의 체제 선전의 장이라며 연일 거친 말들을 쏟아냈다. 이때 난 자유한국당이 참 문제가 많다고 생각하면서도 '평창올림픽이 북한의 체제 선전의 장'이라는 점에 대해서는 인정하고 있었다.

다만 '북한이 체제 선전 좀 할 수 있는 거지'라고 생각했다. 그건 외교를 하는 모든 국가의 기본이니까. 이제야 고백한다.

그러다가 노회찬 의원의 말을 만났다. 그랬다. 압도적 체제 선전은 대한민국이 하고 있었다. 그때까지 1초도 생각해보지 못한 사실이다.

곰곰이 따져보니, 내가 '북한의 체제 선전'이라는 말에 수긍했던 것은 수십 년간 형성된 고정관념 때문이었다. '북한은 자기 체제를 선전하는 데 혈안이 된 나라다'라는 관념 말이다.

'북한의 체제 선전'이라는 말에 느끼는 부정적 감정까지 포함하여, 내 안에는 편견의 습관이 자리하고 있었다. 종을 울리면 침을 흘리는 개처럼, '체제 선전'이라는 말을 들으면 북한을 떠올리는 조건반사가 일어났다. 애당초 내 의식 속에서 '체제 선전'이라는 말은 북한에게나 어울리는 용어라는 편견이 있었던 것이다. 이때 반성 많이 했다.

노회찬 의원의 말에는 습관을 벗어나 새롭게 사고할 수 있는 진짜 배움이 들어 있다. 그 덕에 우리의 시야는 조금 더 넓어졌다.

1   노회찬,『노회찬의 진심』(사회평론, 2019), 388쪽.

2   『시사IN』인터뷰 쇼, 2017.7.2.

3   노회찬 외,『진보의 재탄생─노회찬과의 대화』(꾸리에, 2010), 129쪽.

4   노회찬,『힘내라 진달래』(사회평론, 2018), 268쪽.

5   노회찬,『노회찬의 진심』(사회평론, 2019), 163쪽.

6   앞의 책, 163쪽.

7   앞의 책, 383쪽.

8   〈김어준의 뉴스공장〉, tbs FM, 2018.1.24.

4.

감동의 정치는 감응하는 말로부터_ 말하기의 예술

퍽퍽한 마음속에서
풍경을 자아내듯_
묘사

자세한 묘사는 단지 말이 아니라 그림처럼 다가온다.

연관된 감정도 함께 따라온다. 훨씬 생생하다. 듣는 사람을 집중하게 만든다.

노회찬 의원의 말은 어떻게 그렇게 많이 사랑받았을까. 그의 말에는 결국 기교만으로는 따라갈 수 없는, 아름다움이 있었다고 나는 생각한다. 딱딱하고 공격적인 정치적 말들 속에서 단연 빛났던 말들에는 앞서 언급한, 노회찬 의원만의 인생을 변주하는 힘, 삶의 다양한 측면을 풍요롭게 가꾸는 힘이 배어 있었다. 그 힘 없이, 사람을 움직일 수 있었을까.

그가 말로 그림을 그릴 때, 우리는 함께 아이처럼 설렜다

노회찬 의원은 말로 그림을 그렸다. 그의 상황 묘사는 간명하면서도 탁월했다. 머릿속에 적절한 이미지를 형성해주었고, 그 이미지는 연관된 감정을 불러 일으켰다.

"잠시 사탕을 두 손에 쥔 아이의 심정이 되었다." (〈난중일기〉, 2008년 8월 28일)[1]

2008년 8월 28일에 노회찬 의원은 『청구회 추억』 출간을 기념하는 북콘서트에 갔다. 『청구회 추억』은 돌아가신 신영복 선생님이 쓰신 책이다. 노회찬 의원에게는 '신영복 문학의 백미'였다.

북콘서트에 가수 강산에가 나왔다. 노회찬이 제일 좋아하는 두 곡 〈명태〉와 〈이구아나〉를 불렀는데, 이때의 심정을 그렇게 표현했다.

두근거림, 설렘이 가득한 사람은 더도 말고 덜도 말고 "사탕을 두 손에 쥔 아이"의 모습이다. 눈앞에 그런 아이가 서 있다. 너무 좋아 어쩔 줄 모르는 모습이 흐뭇하다. 함께 좋아해 줘야 할 것 같다. 등을 쓰다듬을까. 아니면, 말을 걸까. "사탕이 그렇게 좋아?" 노회찬 의원의 말이 우리 마음속에서 일으킨 감정이다.

자세한 묘사는 단지 말이 아니라 그림처럼 다가온다. 연관된 감정도 함께 따라온다. 훨씬 생생하다. 듣는 사람을 집중하게 만든다.

그의 붉은 말에, 우리는 붉게 뭉클하고 붉게 치밀었다

노회찬 의원은 이런 묘사의 힘을 권력 비판에도 사용했다.

"박근혜 대통령이 5.18 광주 국립묘지에서 5.18 기념 행사를 하는데, 〈임을 위한 행진곡〉을 제창으로 못 부르게 했어요. 〈임을 위한 행진곡〉을 다들 따라 부르지 않는 것으로 해서 공연이 됐습니다. 이 자리에 5.18 유가족들이 불참했어요. 그 상태에서 그 곡이 나오니까 당연히 저는 예를 갖춰서 팔뚝질하면서 불렀고, 그 옆에 분은 일어서서 부르셨고, 그 옆에 분은 일어날까 말까 눈치 보고 있는 상황입니다. 저 분은 결국에 일어났지만 입은 벌리지 않았습니다."

난 이 장면에 대한 설명을 들으며, 인류 진화의 발전 단계가 찍힌 사진을 떠올렸다. 네 발로 걷다 점차 직립 보행을 하는 모습을 연달아 한 번에 보여주는 그런 사진. 가장 진화한 인간은 역시 벌떡 일어나 팔뚝질을 한 노회찬 의원이다.

이런 묘사는 어떤가. 그때 5.18 기념식장에는 이정현 전 새누리당 대표도 있었는데 표정이 묘했다.

"아이들 혼낼 때 보면 불안하면 손 만지고 있는 그런 모습입니다."[2]

5.18 기념식에서 〈임을 위한 행진곡〉을 함께 부르지 않은 박근혜 씨와 당시 새누리당 정치인들은 분명히 잘못을 저지르고 있었다. 우리는 노회찬 의원의 이런 묘사를 통해 그들이 역사 앞에, 5.18 유족 앞에 그리고 국민 앞에 또 하나의 과오를

쌓고 있다는 우리의 생각이 옳다고 확신하게 된다.

2004년 11월에 민주노동당 권영길 의원이 공무원 노동조합 파업과 관련하여 단식 농성을 할 때다. 노회찬 의원은 그 앞을 지나는 다른 당 의원들의 모습을 이렇게 묘사했다.

> "아침 7시 조찬 모임부터 국회 본관을 드나드는 의원들은 그의 앞을 지나야 한다.
> 소가 장승 앞 지나듯
> 외상값 있는 가게 앞 지나듯
> 도둑놈이 파출소 앞 지나듯" (《난중일기》, 2004년 11월 30일)[3]

이 짧은 순간에 세 개의 장면이 등장한다.

장승 앞을 무뚝뚝하게 눈만 껌뻑이며 지나는 소가 머릿속에 그려진다. 주인과 행여 마주칠까 눈치를 살피며 가게 앞을 살금살금 지나가는 외상 손님이 보인다. 잡히지 않기 위해 조마조마한 걸음을 내딛는 도둑의 모습이 떠오른다.

모르는 척 지나갔다거나, 눈치 보며 지났다, 혹은 들키지 않게 조심스럽게 지나갔다는 표현 말고, 이런 묘사는 눈앞에 실제 사람들을 등장시킨다.

권영길 의원 앞을 지나는 의원들의 모습을 노회찬 의원의 입을 빌려 들으며, 우리는 안타까워하고, 분노한다.

말로 그림을 그리는 사람의 힘이다.

한 가지 예를 더 찾아보자.

> "초등학교 담벼락에 어린아이 키만 한 붉은 글씨로 '사
> 랑하는 사람도 알고 보면 간첩이다'라고 써놓았던 사람들
> 이 마지막 비명을 지르고 있다." (〈난중일기〉, 2004년 9
> 월 9일)[4]

국가보안법 폐지 노력이 한참 진행 중이던 때다. 노회찬 의
원은 이 일기에서 국가보안법에 빌붙어 살아온 사람들이 어떤
자들이었는지를 여실히 드러낸다. 이보다 탁월할 수 있을까.

권력 유지를 위해 조작을 일삼던 사람들, 선량한 사람에게
누명 씌우기를 밥 먹듯이 했던 사람들, "김일성 만세"를 외친
취객을 대단한 간첩이나 발견한 것처럼 가뒀던 사람들, 운동가
들에게 갖은 고문을 가해 영혼을 파괴했던 사람들, 세상만사를
'친북이냐 아니냐', '이적인가 아닌가'로 해석하고 대한민국을
병들게 했던 사람들. 이런 사람들을 노회찬은 "사랑하는 사람
도 알고 보면 간첩이다, 라고 써놓았던 사람들"이라고 말했다.

초등학생들에게 무슨 대단한 정치적 저의 같은 게 있을 리
없다. 그 앞에서 '간첩' 운운은 참 못된 일이다. 게다가 초등학
교 담벼락에, 그러니까 심지어 초등학교 담벼락에까지, 다시
말해서 아이들에게까지, 결국 온 국민의 생활 속속들이, 그들
은 자신의 생각을 강요했다.

담벼락에 써놓은 붉은 글씨는 그 자체로 거부감을 준다. 주

변의 초록 혹은 회색빛과 확연히 구분되는 붉은 글씨는 혁명을 향한 열정을 부추기기도 하지만, 이 경우엔 군림의 색깔이다. 아무도 이 글씨의 자장에서 벗어날 수 없다. 모두 꿇어!

내용은 더 가관이다. '사랑하는 사람도 알고 보면 간첩이다'라니, 그들은 '사랑'조차도 의심하는 비인간적 존재들이었다. 그 어처구니없고 무리한 발상은 국가보안법이 얼마나 시대와 인간성을 거스르는 제도였는지를 보여준다.

지금 내가 말하는 이 모든 설명을 노회찬 의원은 일일이 말하지 않고, "초등학교 담벼락에 어린아이 키만 한 붉은 글씨로 '사랑하는 사람도 알고 보면 간첩이다'라고 써놓았던 사람들"이라고 그저 말했다. 붉은 글씨의 부정적인 이미지와 초등학교라는 순수한 이미지의 선명한 대비로 노회찬 의원은 그 모든 것을 전했다.

1 노회찬, 『노회찬의 진심』 (사회평론, 2019), 268쪽

2 『시사IN』 인터뷰 쇼, 2017.7.2.

3 노회찬, 『노회찬의 진심』 (사회평론, 2019), 118쪽.

4 앞의 책, 63쪽.

처진 어깨에
리듬을 싣듯_운율

'라임'을 맞춘 말들은 특히 권력을 비판할 때 더 쓸 만해진다. 왜냐고?
힙합 정신은 원래 저항이고 부조리에 대한 비판이니까.

힙합을 듣다보면, 기가 막힌 '라임'에 감탄할 때가 있다. 라임
은 알다시피 운율이다.

운율: 동음이나 유음의 반복에 의해 만들어 내는 언어의
리듬

사전에 나와 있는 운율의 뜻이다. 같은 소리나 비슷한 소
리를 반복하여 리듬 만들어내기. 노회찬 의원이 잘했다. 운율
을 맞추면 그 절묘함에 감탄하고, 기발함에 웃음 짓게 된다.

"요새 나타나는 대표들마다 국민들한테 사과하기 바
쁩니다. 국민들도 바쁩니다 지금, 사과 받느라고."[1]

쏙 들어와, 쑥 파고들다

노회찬 의원은 운율을 매우 자주, 자유자재로 구사했다.

> "오늘은 4대강 첫 삽 푸는 날입니다. 동시에 자기 무덤 첫 삽 푸는 날이기도 합니다." (트위터, 2009년 11월 10일)[2]

> "정치의 눈에 국민이 가득하지 않으면 국민의 눈에 피눈물이 가득해집니다." (페이스북, 2017년 6월 12일)

힙합 가사 수준의 운율 구사 사례도 있다.

> "민주당의 밥상에 거위의 간도 있고 돼지의 간도 있는 건 좋은 일인데 왜 벼룩의 간까지 먹으려 하는지."[3]

2017년 대통령 선거 직전에 한 말이다. 정의당 심상정 후보에게 올 표까지 다 가져가려는 더불어민주당 측 인사의 발언에 대한 응답이었다.

힙합 가수가 됐다고 생각하고, 불러보자.

"민주당의 밥상에 거위의 간!도 있고, 돼지의 간!도 있는 건 좋은 일인데, 왜 벼룩의 간!까지 먹으려 하는지."

뭐 아무 리듬이나 좋다. 손동작도 좀 멋지게 하면서 다시 크게 불러보자. "거위의 간! 돼지의 간! 벼룩의 간~!"

전혀 리듬감이 살아나지 않는다면, 그건 부르는 사람의 문제다.

"지금 필요한 것은 부검이 아니라 특검(입니다.)"[4]

백남기 농민 사망 사건과 관련해 국회 국정감사에서 노회찬 의원이 주장했다. 사인을 밝히기 위해 부검 운운하는 주장에 대해 '라임'으로 맞섰다. 운율을 맞춘 말은 왠지 귀에 쏙쏙 들어오고, 주장에 설득력이 더해진다.

이런 말들은 특히 권력을 비판할 때 더 쓸 만해진다. 다음 사례들처럼 말이다. 왜냐고? 힙합 정신은 원래 저항이고 부조리에 대한 비판이니까.

"민의의 전당이라고 했는데 민의가 없는 거죠. 자의만 있는 거죠."[5]

"MB 드디어 검찰청 포토라인에 섰군요. 경제 살리겠다고 약속하고선 본인 경제만 챙긴 대통령."(트위터, 2018년 3월 13일)

---

1 〈심야토론〉, KBS, 2004.4.3.
2 노회찬, 『노회찬의 진심』(사회평론, 2019), 387쪽.
3 국회 기자간담회, 2017.5.4.
4 제20대 국회 법제사법위원회 국정감사, 2016.10.5.
5 〈김어준의 뉴스공장〉, tbs FM, 2018.6.27.

식빵에 끼어 있는
건포도처럼_위트

상투적 표현은 거르고 위트를 가미하면 말이 더없이 상쾌해진다. 누구나 사용하는 흔한 표현을 조금이라도 달리 사용하는 습관을 들여보자.

노회찬 의원은 약 40년간 특별한 일이 아니면 아침 식사를 거의 안 했다고 한다. 기자가 질문한 적이 있다. 뭐라고 답했을까.

"살다 보니 안 먹게 됐네요." "그냥 습관이에요." "아침을 먹으면 더부룩해요."

노회찬 의원은 이렇게 답했다.

"식량 절약을 위해서 그랬습니다."[1]

흔한 말을 변형하는 데 그치지 않고, 위트까지 가미하는 건 메이저리그급 능력이다.

위트도 상대에 대한 배려의 태도

질문이 빤했다. 특별한 답이 있을 리 없는 질문이기도 했다. 그런 질문에 대한 답으로는 괜찮다. 마치 곡물 수급 사정을 걱정하는 정치인다운 느낌이 1그램쯤 드는 건 덤이고, 상대를 무색하지 않게 하는 배려심도 느껴진다.

같은 프로그램에서 심상정 의원과의 관계를 묻는 질문에 대한 대답도 그랬다. 기자가 노회찬 의원을 만나는 유권자들 가운데 심상정 의원이 부인인 줄 알고 있는 사람이 꽤 있다면서, 부인은 왜 안 왔냐고 질문하는 경우에 어떻게 대답하느냐고 물었다.

이건 그냥 예능형 질문이다. 예능에는 예능으로 대답하는 게 현명하다. 노회찬 의원의 답변이다.

"바쁩니다."[2]

또 있다.

"소녀시대 멤버를 구분하세요?"라고 김어준이 물었다. 보통은 뭐라고 대답했을까? "몰라요." "다 비슷비슷하게 생겼어요." "제가 TV를 잘 안 봐서요."

노회찬은 이렇게 답했다.

"그야, 다 다르겠죠."[3]

모른다는 말을 이렇게 할 수도 있다니.

모른다는 말인데, 소녀시대 멤버 구성이 세상의 이치와 크게 다르지 않음을 알고 있다는 뉘앙스의 말이다. 웃음을 터뜨리는 김어준 앞에서 연이어 이렇게 말한다.

"같을 수가 있나?"

때로 진지한 답변이 요구되지 않고, 길게 답할 필요도 없는 질문이 내 집 문을 노크할 때는, 노회찬 의원 같은 방법을 써보자.

상투어 대신 위트를 넣으면
말이 청량해진다

흔하다 못해 빤한 표현이 있다. 상투적 표현이다. 피하는 게 낫다. 사람이 상투적으로 보인다.

2014년 노회찬 의원이 서울 동작의 재보궐선거에 출마했을 때다. 그때 맞붙은 나경원 당시 새누리당 후보가 급하게 선거 출마를 결정하면서 주소를 동작으로 옮기지 못했다. 나경원 후보는 출마는 했으나 투표는 할 수 없는 처지였다.

사전 투표를 마치고 나오는 노회찬 의원에게 기자가 결과를 어떻게 예측하는지 물었다. 여러분 같았으면 어떻게 대답했을까.

"현재 시점으로 보면, 제가 객관적으로 한 표 앞서고 있다."[4]

"저는 나경원 후보와는 달리 투표를 할 수 있습니다"라고 했다면 뻔한 답이다. 상투적이라고 누군가는 했을 것이다. 그런 말은 마치 '버스가 온다'와 같다. 버스가 오니까 버스가 온다고 말하는 것이고, 홍시 맛이 나서 홍시라고 말한 것일 수는 있다. 그러나 상투적이다.

이를 피하기 위해 노회찬 의원은 다른 접근 방식을 취했다. 한 표가 중요한 출마자로서 '한 표' 앞서고 있다는 점, 그러니까 나경원 후보의 결격 사유로 인해 자신이 앞설 수밖에 없는 점을 강조했다. '객관적으로' 앞섰다고도 했다. 나경원 후보 주소가 동작이 아닌 것은 분명하고, 이 때문에 투표를 하지 못한다는 사실은 누가 봐도 분명하다는 사실을 위트 있게 강조했다. 이보다 어떻게 더 멋지게 말할 수 있을까.

상투적 표현은 거르고 위트를 가미하면 말이 더없이 상쾌해진다.

글이든 말이든 누구나 사용하는 흔한 표현을 조금이라도 달리 사용하는 습관을 들여보자. 이참에 '나만의 상투적 표현 목록'을 정리해 보는 것도 좋겠다.

노회찬 의원은 비교를 하면서도 때로 위트를 담았다.

반기문 전 유엔 사무총장이 대선 후보로 물망에 오를 때 〈김어준의 뉴스공장〉의 김어준 공장장이 반기문을 정의당에 영입할 생각이 없는지 물었다. 이때 노회찬 의원은 정의당은 아무나 들어올 수 있는 당이 아니라면서 말했다.

"몸을 불사른다고 하면서 촛불 하나 들어보지 않은 사

람이, 초 하나 불살라보지 못한 사람이 어떻게 몸을 불사릅니까"[5]

이런 비교, 날카롭다.

2012년 총선에서 새누리당이 '반값등록금'을 공약해놓고 예산은 그 절반밖에 제시하지 않았을 때다. 이 이야기를 TV토론에서 들으며 한참 웃었던 기억이 있다. 허기가 졌다.

"새누리당이 지금 반값등록금 공약 내놨는데 (…) 일종의 허위 공시다. 이건 병아리를 튀겨서 통닭이라 얘기하는 격(이다)."[6]

치킨 한 마리를 시켰는데 반 마리가 왔다면 분노할 일이다. 양념 반 프라이드 반을 시켰더니 양념 반만 와도 마찬가지다. 하물며 병아리를 튀겨 보냈다면, 화가 나는 것을 넘어 끔찍하기까지 하다. 이때 난 소 한 마리와 송아지, 돼지 한 마리와 돼지 새끼 등 여러 사례를 혼자 생각했는데, 역시 병아리와 통닭의 비유가 가장 적절하다고 결론 내렸다. 위트 있는 비교는 치킨보다 맛있다.

분위기를 우주로 띄우는 4차원 위트

"한나라당에서 (…) 120석 정도 예상한다고 해요. 민주당은 130석이라고 해요. 둘 합하면 250석이에요. 그럼 49석이 남아요. 자유선진당 9석 줘야죠. 40석이 남아요. 어떻게 합니까(웃음). 저희가 40석을 가져야 되겠다(고 생각합니다)."[7]

노회찬 의원은 2012년 총선의 목표를 이렇게 말했다. 여론조사의 추이를 반영한 정확한 계산이나 치밀한 정세 분석에 기초한 주장이 아니다. 그런데 의외로 그럴듯하고, 듣는 이에게 힘을 준다.

2017년 대통령 선거 때도 그랬다. 심상정 대선후보 선출 대회 당일 있었던 일이다. 그때 내가 당내 경선에서 심상정 후보와 맞붙은 유일한 후보였기 때문에 맨 앞자리에 앉아 있었고, 바로 코앞에서 노회찬 의원이 발언했다.

"앞으로 심상정 후보의 지지율이 기온이 1도 올라갈 때마다 1퍼센트씩 올라갈 것입니다. 그리고 지지율 두 자릿수가 되면 그때는 1등 후보와의 경쟁입니다. 어차피 세 자리 지지율은 없으니 다 똑같은 처지에서 경쟁하는 것입니다."

계절과 교감하는 지지율이라니, 세 자리 지지율은 있을 수 없으니 두 자리만 되면 다 똑같은 처지라니. 역시 천상의 논리였는데, 희한하게도 사람들에게 힘이 됐다. 참석자 모두가 박장대소하며 열광했다.

내가 현장에서 직접 들은 엉뚱한 말 중엔 이런 것도 있었다. 2008년에 서울 노원으로 출마했을 때로 기억한다. 진보 정당 비례 의원의 지역구 첫 도전. 절대 낙선해서는 안 되는 선거였다. 노회찬 의원은 노원구와 자신의 인연을 담아 이렇게 연설했다.

> "아버님이 노씨고 어머님이 원씨니까 제가 노원의 아들입니다. 노원에서 효도하게 해주십시오." (〈난중일기〉, 2010년 9월 15일)[8]

그때도 박장대소가 터졌었다. 나도 박수를 한참 쳤다. 무척 신이 났다. 이런 위트는 노회찬 의원 아니면 결코 소화할 수 없다.

1　〈정치부회의〉, JTBC, 2018.4.20.

2　〈정치부회의〉, JTBC, 2018.4.20.

3　노회찬 외, 『진보의 재탄생─노회찬과의 대화』 (꾸리에, 2010), 72~73쪽.

4　"[영상뉴스] 7.30 재보선 사전 투표… 동작을 유세", 〈천지일보〉, 2014.7.25.

5　〈김어준의 뉴스공장〉, tbs FM, 2016.12.26.

6　〈심야토론〉, KBS, 2012.4.7.

7　2012년, 새로운 희망을 찾는다─노회찬·조국 북콘서트, 2012.1.10.

8　노회찬의 공감로그, https://web.archive.org/web/20101229191050/ http://nanjoong.net/

오리고 접붙이고
블록 조립하듯_조어

'승자독식' 한 몸으로만 쓰이던 '승자'와 '독식'을 과감히 분리해, 승자에 이어 독식까지 하려 한다고 비판하자 새로운 의미가 생겼다.

누구나 사용하는 표현, 고정되어 있어 언제나 똑같이 사용되는 표현은 글자 하나만 바꿔도 불현듯 새로워진다. 예상을 벗어난 표현은 웃음을 유발할 뿐 아니라 습관적 생각을 깨뜨리고, 다른 생각을 촉진시킨다.

'한 글자' 바꿨을 뿐인데

'관용구'를 사전에서 찾아보면 '습관으로 오랫동안 널리 사용되어 온 한 묶음의 단어, 문구나 표현'이라고 나와 있다. 관용구는 첫 글자만 등장해도 나머지 글자를 누구나 예측한다. 오랫동안 널리 사용되어 왔으니 그럴 수밖에.

〈노유진 2〉에 노회찬 의원이 출연해 남긴 주옥 같은 어록 중 하나는 이것이다.

"지금 여소야대 국회라고 20대 국회가 출발을 했는데, 여소야대가 실감이 나지 않아요. 제가 볼 때는 여소야소가 아닌가."[1]

여소야대는 자주 사용되던 말이니 관용구다. 그런데 여소야소라니.

여당과 야당 어느 정당도 확실하게 존재감을 발휘하지 못하고 있는 상황을 이보다 더 잘 설명할 수 있는 말을 그 이후에도 찾지 못했다. 딱 한 글자 바꿨을 뿐인데, 이렇게 참신하다. 단 한 번도 생각해보지 못했던 말이라 웃음이 터졌다.

2016년 총선 당시에는 국민의당을 비판하면서 또 다른 조어법을 선보인다.

김어준: 국민의당은 야권 연대에 대해서 일단 당 대표부터 부정적이잖아요.

노회찬: 이상한 당이죠. 야권 연대를 안 한다고 하는데, 지금 야권 지지자들은 여러 조사에서 이번 총선에서 이기기 위해서 야당들이 협력해야 된다고 얘길 하고 있어요. 국민의당에는 많은 분들이 있지만 없는 게 하나 있어요. 국민이 없어요. 국민 빼곤 다 있는 것 같아요. 국민의당은 선택해야 한다 이거예요. 야권 연대 안 하려면 여권으로 가라. 여권 연대해라 이거예요. 본인의 정체성이 야권인지 여권인지 밝혀야

된다 이거예요.[2]

신조어다. '여권 연대'

세상에 야당은 여러 개니 야권 연대라는 말이 자연스러울 수 있지만, 여당은 하나뿐인데, 여권 연대라니. 야당이면서도, 여당 같은 당의 총선 전략을 꼬집는 촌철살인의 비판이었다.

응용1. 붙은 말을 분리하기

노회찬 의원은 관용구를 분리해서 새로운 의미를 만들어내는 데도 수준급의 실력을 발휘했다. 예를 들면 이런 식이다. 2017년 대통령 선거 때 일이다. 당시 더불어민주당의 우상호 공동선대위원장이, 정의당이 표를 문재인 후보에게 양보해야 한다는 식으로 말한 것에 대한 비판이다.

"승자가 되는 것은 축하할 만한 일이지만, 민주당이 승자에 이어 독식까지 하겠다고 해서는 안 된다."[3]

바늘과 실은 때로 떨어졌다 만나지만, 승자와 독식은 '승자독식' 한 몸으로만 쓰인다. 노회찬 의원이 저 말을 하기 전까지는 그랬다. 그런데 승자와 독식을 과감히 분리해, 승자에 이어 독식까지 하려 한다고 비판하자 새로운 의미가 생겼다. 사람들은 승자가 되더라도 독식을 해서는 안 되는 세상살이의 이치에 대해 생각하게 되었다.

이 참신한 방법은 다른 당이나 정부를 비판할 때도 사용됐다.

> "바른미래당이 다른 정치세력과 경쟁하고 다투는 것이 뉴스가 되는 게 아니라 바른과 미래가 다투는 것이 뉴스가 되고 관심사가 되는 상황이 이어지고 있죠."[4]

정당의 최초 조건은 '같은 생각을 가진 사람들'이다. 가치관이 동일한 사람들이 모여 조직을 이루고 세상을 자기들의 뜻에 맞게 만들어 보려는 조직이 정당인데, 바른미래당은 정체성이 애매해서 하나의 당이라고 보기 민망한 데가 있었다. 이런 점을 비판하는 모든 말 중 노회찬 의원의 "바른과 미래가 다투다"가 가장 날카롭고 재밌다.

독도 문제와 관련해서 노회찬 의원은 역대 정부가 유지했던 '조용한 외교'를 비판했다. 실질적으로 점유하고 있으나 조용히 있으면 된다는 태도에는 문제가 있다는 것이었는데, 이렇게 말했다.

> "이것이 '조용한 외교'의 핵심이다. 그러나 독도 도발이 본격화된 1996년 이래 '조용함'은 있었지만 '외교'는 없었다." (〈난중일기〉, 2006년 4월 23일)[5]

노회찬 의원이 감옥에 있을 때, 감옥 동기생들 중에 대학생들이 꽤 있었던 모양이다. 규정에 따라 일주일에 한 번씩 영화를 볼 수 있었고, 노회찬 의원이 주로 영화를 골랐다. 알려진 대로 노회찬 의원의 취향은 매우 고상했다. 그 때문에 자신이 영화를 고를 때마다 대학생들의 평이 좋지 않았다는 이야기를 그는 어떤 인터뷰에서 이렇게 말했다.

"⟨전쟁과 평화⟩를 보니까 애들이 완전히……. 그리고 전쟁 장면을 보다가 평화 장면에서 다 조는 거야. 그래서 욕을 많이 들었어요."[6]

응용2. 관용적 표현 비틀기

고정된 말을 변형하는 또 다른 방법이 있다. 속담, 흔히 쓰는 생활 속 관용구들을 일부 바꾸거나 내용을 추가하여 의미를 달리하는 방법이다. 2007년 대통령 선거 때 이회창 후보가 무소속으로 갑자기 등장했다. 언제 적 이회창인가. 이회창 후보의 등장을 노회찬 의원은 이명박 당시 한나라당 후보 때문이라고 했다. 유력 후보가 워낙 비리가 많으니 '대쪽 후보'가 등장할 여건이 조성됐을 법하다.

이렇게 어이없을 때 보통은 "소가 웃을 일이다"라고 말한다. 그러고 만다. 그런데 노회찬 의원은 한 마디 덧붙여 이렇게 말했다.

"소가 웃을 일이나 국민들은 마냥 웃을 수도 없다."
(⟨난중일기⟩, 2007년 11월 1일)

어이없을 뿐만 아니라, 그런 어이없는 일에 웃을 수조차 없는 국민의 심정을 잘 대변했다.

다른 사례가 많다. 박근혜 정부가 국정교과서를 한창 추진할 때는 이런 말을 한 적이 있다.

> "엎질러진 물이 되는 게 아니라 엎질러진 휘발유가 되는 거죠."[7]

물을 휘발유로 바꾸면서 의미가 완전히 달라졌다. 엎질러진 물은 어쩔 수 없는 일이라는 뜻이지만, 휘발유가 엎질러지면 사태가 커진다. 이 말을 들으면서 나는 '기름을 끼얹다'를 떠올렸다. 노회찬 의원도 곧바로 이렇게 이어 말했다.

> "앞으로 파문이 계속 번질 수밖에 없는 상황입니다."

응용 3. 유음이의어 만들기

같은 글자인데, 뜻이 다른 경우를 동음이의어라 한다. 노회찬 의원은 원래의 말 중 한두 글자를 비슷한 발음의 다른 글자로 바꿔 뜻을 바꾸는 방법을 쓰기도 했는데, 굳이 이름을 붙이자면 '유음이의어 만들기' 정도가 될 것이다. 유사한 음을 가진 다른 뜻의 단어다.

> "바른미래당에 대해서 한 줄 평이라고 해서 마른 미래

(라고 평했다.) 보수의 마른 미래. 호수의 물이 말라가듯이 괴멸할 것이다 이렇게 생각…"[8]

바른미래당의 미래는 마른 미래다. 바른미래당의 미래를 꽤 정확히 예측했다.

"MBC를 함락하려는 'MB씨'의 공세가 연일 계속되고 있다." (〈난중일기〉, 2009년 4월 9일)[9]

이 경우도 마찬가지다. 앞서 설명한 '여소야소', '여권 연대' 만드는 방법과 다른 점은, 원래 단어와 유사한 발음을 찾는 데 심혈을 기울인다는 점이다.

2004년 9월에 노회찬 의원은 총선 당시 썼던 〈난중일기〉가 전태일문학상을 수상하면서 곳곳에서 축하를 받았다. 이때 소감을 밝히면서도 유음이의어를 사용했다.

"상은 명예지만 또한 멍에다." (〈난중일기〉, 2004년 9월 7일)[10]

칭찬이지만 동시에 부담이라는 이야기다. 더 열심히 해야 한다는 뜻일 테다. 전태일이라는 이름의 무게에 걸맞은 활동을 한다는 건 누구에게나 부담되는 일이 분명하다.

응용 4. 신조어 만들기

정치권에서 '새로운 용어 만들기' 경기가 열렸다면 금메달은 분명 노회찬 의원에게 돌아갔을 것이다. 그가 만든 말 중 백미를 꼽아보자.

> "저는 실제로 경쟁 사회가 복권 사회라고 보거든요."[11]

'복권 사회'라는 말을 쓴 이유는 이랬다.

> "경쟁이라는 것은 내가 좀 잘하면 이길 수 있는 것처럼 보이지만, 복권처럼 1등 1명, 2등 10명, 3등 100명, 그리고 5등까지만, 이렇게 딱 정해져 있다는 거죠. 복권 당첨 숫자는 제한적이라는 겁니다."

노회찬 의원은 경쟁 사회는 능력 사회인 것 같지만 사실은 능력 밖의 사회라는 것을 말하려고 했다. 이렇게 새로운 용어를 제시해서 사태의 진실이 선명하게 드러나도록 하는 능력은 경쟁력 있다.

> '좌사우포'

역시 노회찬 의원이 만든 말이다. 왼쪽엔 사과, 오른쪽엔 포도란 뜻인데, 아이폰과 블랙베리를 함께 사용했던 시절에 '좌사우포'란 말을 쓰곤 했다. 초연결 사회를 맞이하는 자신의 적극적 자세를 노회찬 의원은 새로운 시대에 걸맞게 사자성어로 표현했다.

응용 5. 기존 음에 새로운 뜻 얹기

아예 없는 말을 만들면 남이 못 알아들을 가능성이 있다. 효용이 낮은 일이다. 대신, 있는 말의 의미를 새롭게 제시하면 조금 더 효과적일 수 있다. 노회찬 의원은 이 점을 잘 알았다.

역시 사자성어 분야에서 실력을 발휘했다.

> "심상정, 노회찬, 이정미, 김종대, 추혜선, 윤소하 정의당의 20대 국회의원 이름들입니다. 이 이름을 줄여서 사자성어로 만들면 노회찬, 심상정과 초선의원 네 명-노심초사입니다. 정의당 때문에 국민 여러분이 걱정하는 일은 이제 없을 것입니다. 반대로 국민 여러분의 행복과 편안한 생활을 위해 노심초사하는 당이 되겠습니다. 대한민국의 장래를 노심초사하는 정의당이 되겠습니다. 원내 유일한 진보정당 정의당-노심초사 군단에게 많은 성원 부탁드립니다."[12]

'포복절도'도 유명하다. 2018년 1월 정의당 신년회에서 한 말이다. 역시 의미를 완전히 새롭게 제시했다.

> '가득 찰 포(飽), 배 복(腹)'으로 배를 가득 차게 만들

고, 절도(絶盜)는 도둑을 근절하겠다는 의미입니다." "민생을 챙기고 세금 도둑, 양심 도둑을 근절하겠습니다."

그야말로 포복절도할 일이다.

노회찬 의원은 글로벌한 시대에 걸맞게 사자성어뿐만 아니라 영어로 된 단어를 가지고도 새로운 의미를 자유자재로 창조했다. '포복절도'를 제시했던 그 자리에서 한 이야기가 또 있다.

"과거에는 예수 탄생을 중심으로 기원 전, 기원 후로 나누며 'BC, Before Christ' 이렇게 얘기했는데 이제는 좀 달라져야 할 것 같다." "'Before Candle, After Candle, 촛불 원년을 넘어, 촛불 1년을 맞이하는 2018년의 달라진 세상만큼 정의당이 변화를 선도해 나가겠다."

경건한 이야기다. 아쉬움이 있다면, '포복절도'와 'Before Candle' 이야기를 한 자리에서 했다는 점이다. 둘 다 금메달감인데 동시 출격하는 바람에 하나가 은메달이 돼버렸다. 은메달 딴 입장에서는 대진운이 안 좋았다.

2012년 총선에서 노회찬 의원은 허준영 새누리당 후보와 맞붙었다. 허준영 후보는 그 전에 한국철도공사 사장을 지냈었다. 경력이 경력인지라 허준영 후보가 KTX를 상계동까지 연장하겠다고 공약했다. 하여튼 이런 게 문제다. 국회의원은 '국'회의원인데, 지방 의원처럼 행세한다.

노회찬 의원이 꼬집었다.

"KTX가 코리안 택시입니까?"[13]

천재적이다. K를 코리안으로, TX를 TAXI로 연상할 수 있도록 한 해석이다. 나였다면 '그렇게 하면 국가 기간 철도망이 무슨 필요가 있습니까', 'KTX가 무슨 경전철입니까? 동네까지 들어오게' 정도가 최대치였을 것이다.

K와 TX를 고려하고, 동네에서 흔히 만날 수 있는 교통수단을 선정하여, 그에 꼭 맞는 TAXI를 찾아냈다. 음, 따라갈 수 없는 수준이다.

이런 사례도 있다.

"원래 설립 취지에 맞는 방송은 제가 볼 때 하나도 없는 게 아닌가, 있다면 하나 정도가 아닌가. 나머지는 종합 편성이 아니라 종일 편파 방송하는 데가 종편이 된 거죠."[14]

노회찬 의원이 보기에 '종편'은 종합 편성이 아니라 종일 편파 방송이다. 호응이 꽤 있을 법한 재해석이다. 이건 또 어떤가.

"협치란 협량한 정치가 아닙니다. 협박 정치는 더더욱 아닙니다. 상대가 망해야 내가 사는 것은 전쟁이지 정치가 아닙니다. 정치의 눈에 국민이 가득하지 않으면 국민의 눈에 피눈물이 가득해집니다." (페이스북, 2017년 6월 12일)

1 〈노유진의 정치카페 시즌2〉, 2016.7.26.

2 〈김어준의 파파이스〉 84회, 2016.2.5.

3 국회 기자간담회, 2017.5.4

4 〈김어준의 뉴스공장〉, tbs FM, 2018.6.20.

5 노회찬, 『노회찬의 진심』 (사회평론, 2019), 173쪽.

6 김어준, "[2007년 일망타진] 노회찬을 만나다", 〈딴지일보〉, 2007.5.2.

7 〈김현정의 뉴스쇼〉, CBS 표준FM, 2015.11.2.

8 〈썰전〉, JTBC, 2018.7.12.

9 노회찬, 『노회찬의 진심』 (사회평론, 2019), 271쪽.

10 앞의 책, 57쪽.

11 노회찬 외, 『진보의 재탄생−노회찬과의 대화』 (꾸리에, 2010), 289쪽.

12 정의당 원내대표직 수락 기자회견, 2016.5.4.

13 제19대 국회의원 선거 노원병 후보자 토론회, 2012.4.6.

14 공정언론바로세우기 콘서트, 2016.6.28.

경계의 시선이 드러난 노회찬의 말

한국사회에서 정치는 오랫동안 범접할 수 없는 그들만의 리그로 여겨졌다. 정치권에서 쓰이는 말이 한정되어 있었던 점도 이런 인식에 한몫했다. 노회찬 의원은 이런 정치적 말의 경계를 깨뜨리는 데 큰 역할을 했다. 서로 다른 분야의 용어와 논리를 종횡무진 접붙인 그의 화술은 정치 언어의 지평을 넓혔고, 보통 사람들이 정치를 보다 친숙하게 여기게 하는 데 크게 기여했다.

분야가 다른 용어를 조합하다

"지금으로서는 극심한 좌절감과 고립감, 그런 데서 오는 거니까 적절한 휴식과 안정이 필요하지 않나 그렇게 생각합니다. 그리고 반드시 의사의 진단을 받아 보길 권합니다."[1]

누구에 관한 이야기일까. 물론, 자유한국당이다. 남북정상회담은 여러모로 큰 충격이었다. 전 세계에도 한국의 국민들에게도, 그리고 자유한국당에게도. 물론 각각 충격의 종류는

다르다. 이때 노회찬 의원은 자유한국당에게 "휴식과 안정"을 권했다.

주로 의사가 환자에게 쓰는 표현이다. 말만 보면 자유한국당을 꽤나 걱정하는 것 같지만, 자유한국당이 '환자'라는 뜻이다. 정치적 사안에 의료계 언어를 접붙여 기발하면서도 세련된 '욕'을 창조해냈다.

신자유주의에 대해서도 이런 말을 했었다.

"아직 숨을 거두지 않았으나 의학적으론 사망 판정을 받은 상태"[2]

생물학 용어도 많이 썼다. 특히 '생태계'의 균형과 안정을 해치는 이들에 대한 비판에 자주 활용했다.

"이분들이 두려워하는 것은 제가 볼 때는 평화예요. (…) 핵무기 달라고 구걸하러 다니고 이랬는데 평화 시절이 오면 골치 아프잖아요. 그러니까 자신들이 서식하고 번성할 기회가 점점 적어지는 거죠."[3]

홍준표 자유한국당 대표가 본인이 흙수저 출신이라는 점을 청년들에게 강변했을 때는 이렇게 평했다.

"흙수저 출신이라고 볼 수도 있다. 그러나 그냥 흙이 아니고 오염된 흙." "어디에도 쓸 수 없는 흙이다. 생태계에도 나쁜 영향을 미치고 다른 생명체들에게도 심각한 위협이 되고 있는, 오염 정도가 심각하기 때문에 격리하는 게 마땅하다"[4]

자유한국당의 서식지가 점차 줄어들어 병든 정치 생태계가 회복되길 기원한다.

1 〈김어준의 뉴스공장〉, tbs FM, 2018.5.2.

2 전원책, 「[전원책이 만난 사람들④] 어려운 시대에 건강한 좌파의 길을 간다」, 『대한변협신문』 272호, 2009.5.18.

3 〈김어준의 뉴스공장〉, tbs FM, 2018.1.24.

4 〈김현정의 뉴스쇼〉, CBS 표준FM, 2017.4.10.

삶이 말이 된
이야기들_
스토리와 에피소드

삶의 소소한 일들을 공유하며 사람들은 감정을 나누고, 처지를 이해한다.

그런 의미에서 에피소드는 사람과 사람 사이 연결의 끈을

더 치밀하고 끈끈하게 만든다.

스토리의 힘은 막강하다. 논리의 나열보다 스토리의 힘이 확실히 강하다. 말 잘하는 사람을 '이야기꾼'이라고 하지 않나. 노회찬 의원은 '스토리' 부자였다. 이야깃거리가 많았을 뿐만 아니라, 그 이야기들을 적재적소에 잘 버무렸다.

맛깔나는 이야기꾼 노회찬

학교 다닐 때, 친구들을 모아놓고 신나는 이야기를 들려주는 친구가 꼭 한 명씩은 있었다. 국회에서 이런 학생을 찾는다면 노회찬이다. 노회찬 의원은 정치인 중 가장 뛰어난 이야기꾼이었다.

> 김어준 : 이런 거 있지 않습니까? 평양에서 판문점까지 배달하고, 판문점에서 우리가 넘겨받아서.

노회찬 : 그건 좀 힘듭니다. 면의 특성상 한두 시간 정
도 배달하는 것은 어렵죠.

김어준 : 그래요? 그럼 기계를 판문점에다 두고….

노회찬 : 사실 일제시대 때 남쪽 사람들은 잘 모르는
사실이지만 북측에서 일제시대 때도 집으로
배달되는 음식이 두 가지였다고 해요. 청요리
와 냉면.

김어준 : 저도 그 얘기 들었습니다. 냉면이 배달 음식
이라고.

노회찬 : 그래서 송판에 냉면 세 그릇, 송판 세 그릇 해
서 아홉 그릇을 한 손에 받쳐 들고 한 손으로
는 자전거 타고 이렇게 냉면 배달하러 가면
애들이 졸졸졸 따라다니는 진풍경도 볼 수 있
었다고 합니다.

음식 이야기, 요리 이야기, 낚시 이야기의 귀재 노회찬 의
원은 〈알쓸신잡〉 같은 방송 프로그램에 고정 출연했다면 아마
인기 최고였을 것이다. 눈앞에 있는 모든 음식을 맛있어 할 만
큼 미각이 둔하고, 요리에는 딱 배를 채울 만큼만 정성을 들이
며, 낚시는 평생 한 번 해보고 그만둔 나로서는 도저히 다다를
수 없는 경지다.

노회찬 의원이 방송에 출연해서 했던 음식 이야기 중 하나
가 바로 평양냉면에 관한 것이었다. 배달음식이라는 것, 배달
을 하느라 벌어진 진풍경이 있었다는 것. 얼마나 맛깔나는 이

야기들인가. 한반도에 평화의 기운이 소생하던 당시에 평양냉면 이야기는 그야말로 안성맞춤이었다.

더 나아가 그는 스스로 길이길이 전해지는 스토리의 주인공이 되기도 했다.

노회찬 의원이 옥류관에 갔을 때, 평양냉면을 무려 여섯 그릇 먹었다는 스토리는 아는 사람들 사이에서는 유명하다. 먹는 것만으로도 스토리를 만드는 사람이 바로 노회찬이었다.

한 사람의 삶은 여럿이 같이 걸어온 길

스토리 중에서는 인생 스토리가 가장 재미있고, 이목을 끈다. 파란만장하게 산 사람일수록 스토리가 좋다. 정치인이 그렇게 살았다고 하면 특히 사람들이 관심을 갖는다.

"이게 내가 너하고 같이 걸어온 길이다."

마음이 뭉클해지는 이 한 문장에 노회찬 의원의 중요한 인생 스토리 중 하나가 담겨 있다. 노회찬 의원이 노동운동을 시작하고 3년이 지나서였다. 부모님께 더 이상 감출 수 없어 말씀을 드렸다고 한다. 부모님은 극구 만류하셨다. 그러나 운동을 그만둘 순 없었다.

그로부터 10년 후 노회찬 의원의 어머니가 매년 한 권씩 노동운동 관련 기사를 모아 놓은 스크랩 북 10권을 노회찬 의원에게 내밀었다. 그때 어머니가 노회찬 의원에게 하신 말씀이 바로 "내가 너하고 같이 걸어온 길이다"였다.

이런 종류의 스토리들이 노회찬 의원에게는 아주 많다.

그가 중고등학교 때 가난한 집에서 자랐지만 첼로를 배웠고, 문학과 영화에 심취한 소년이었다는 이야기는 좋은 스토리다. 직업학교 졸업식과 겹쳐 대학 졸업식을 포기한 일도 그렇다. 인천의 단칸방에서 살며 열심히 노동운동을 한 경험은 어떤가.

> "2호선을 탈 때마다 감회가 새롭다. 제가 용접한 철제 빔이 땅 속에 있다."[1]

이런 이야기도 재밌다.

> "누나가 항상 얘기한다. '쟤는 자기 결혼식에만 왔다'고."[2]

오랜 수배 생활과 수감 생활 때문에, 부모님의 환갑에도 가지 못했고, 동생이나 누나 결혼식에도 노회찬 의원은 참석하지 못했다. 다행히 자기 결혼식에는 참석한 모양이다. 역시 좋은 스토리다.

이렇게 살아온 순간순간이 이야깃거리인 노회찬 의원을 보면, '스토리'도 대중 정치인에게 필요한 덕목 중 하나라는 말의 뜻이 이해가 된다. 사실 노회찬 의원은 정치 활동 하나하나가 스토리였다. 선거 제도를 바꾸기 위한 분투, 진보 정당 국회의원으로서의 각종 의정 활동, 한진중공업 정리 해고 철회 촉구 30일 단식 등 노동자들과의 연대, 삼성 X파일 떡값 검사 명단 폭로, 그 이후 이어진 법정 공방과 의원직 상실, 진보 정당의 성장과 분열 및 통합과 부활 등이 모두 그렇다. 국회의원은 4년에 300명씩 배출된다. 하지만 그 많은 정치인들 가운데, 활동 하나하나가 스토리인 사람은 많지 않다. 그의 이야기는 국민을 늘 흥미진진하게 했다.

에피소드는 삶을 윤기 나게 기억하는 방식

인생 스토리가 죄다 무거울 필요는 없다. 좀 가벼운 스토리도 있어야 맛깔 난다. 주구장창 갈비만 먹기보단 중간에 야채도 먹고, 나중에 과일도 먹어야 제대로 된 식사다.

어느 날엔가 노회찬 의원이 당직자들과 함께 있으면서 이런 말을 했었다.

> "국회의원 되고 나니까 이게 일종의 '시선의 감옥'에 갇혀 있는 셈이잖아요. 늘 행동을 신경 써야 하고, 말도 가려서 해야 하고요."

'시선의 감옥'이란 말이 참 인상적이었다. 장을 보러 가면, 주민들이 노회찬 대표가 장 본 물건이 무엇인지 궁금해 하며 장바구니를 막 뒤진다고 했다. 자기 동네 국회의원은 대체 뭘 먹고 사는지 알고 싶었던 걸까. 아니면 남자가 장을 보는 게 신기했던 걸까.

모자를 쓰고 나가도 다 알아보고, 고속도로 휴게소에서 선글라스를 썼지만 소용없었다고도 했다.

난, 그 이야기를 들을 때, 국회의원이 되면 참 불편하겠구나 생각했었다. 그러면서도 얼굴을 가리기 위해 굳이 선글라스를 쓰고, 모자를 찾았을 그의 모습을 떠올리며 즐거워했다. 장바구니를 뒤지는 동네 주민의 모습을 상상하면 웃음이 나왔다.

이런 작은 이야기들이 노회찬 의원의 삶의 중요한 한 부분이었다. 무겁지 않고 재미있다. 이런 에피소드 덕에 우리는 그와 더 친밀해질 수 있었다. 굵직한 선으로만 그려졌을 수도 있는 노회찬이라는 사람의 인생을, 시트콤 같은 에피소드들이 아기자기하게 꾸며준다. 인간적 면모가 좋다.

삶의 소소한 일들을 공유하며 사람들은 감정을 나누고, 처지를 이해한다. 그런 의미에서 에피소드는 사람과 사람 사이 연결의 끈을 더 치밀하고 끈끈하게 만든다. 거대한 스토리보다는 작은 에피소드에 더 매력을 느낀다면 이런 이유 때문이다. 노회찬 의원과 관련한 에피소드를 가지고 있는 분은 주저 말고 세상에 공개하시라. 그 에피소드들로 인해 노회찬 의원의 삶은 더욱 풍성하게 기억될 것이고, 우리는 그때마다 그와 새롭게 소통하는 소소한 재미에 기쁠 것이다.

그나저나 지금 돌이켜 보면 국회의원이 된 후에도 장을 보러 나간다는 사실이 새롭다. 노회찬 의원이 시장에서 구한 것은 음식의 재료뿐만이 아니었다. 말의 재료도, 생각의 재료도 시장에서 구했다. 서민의 재료로 식사하고, 말하고, 살았다. 그래서 이렇게 직접 장을 보고, 직접 요리를 하는 정치인은 존경스럽다.

1   최진성·홍태화, 「[단독인터뷰] 노회찬이 입을 열면 정치가 쉬워진다」,
    『헤럴드경제』, 2017.9.1.
2   〈시시콜콜택시〉 18회, 포항MBC, 2018.6.2.

우리가 사랑한 노회찬의 아이러니 화법

노회찬 의원은 유머를 하는 대부분의 순간에 자신은 웃지 않았다. 마음이 편하고, 논쟁이 심하지 않은 자리에서는 특유의 표정으로 활짝 웃기도 했지만 '사이다 발언'을 할 때는 상대가 주로 기득권층이었으므로, 눈빛이 매서웠다. 그런데 그럴 때조차 그의 말은 거칠게 들리지 않았다. 아마도, 노회찬 의원이 평생 만들어 온 '유쾌한 정치인'이라는 특유의 기운 때문일 것이다.

유머와 엄숙한 표정, 매서운 눈빛과 거칠지 않은 말. 언어적 표현과 비언어적 의사 표시의 이런 아이러니는 노회찬 의원의 특징 중 하나였다.

그가 유머의 핵심 비법으로 구사한 아이러니 화법을 정리해봤다.

비법 1. 기대를 쥐락펴락하는 반전 화법

"자꾸 그런 식으로 말씀하시면…"이라고 하면 그 다음에는 당연히 "제가 곤란해집니다", "저는 정말 싫습니다" 등 부정적 뉘앙스의 표현이 나와야 한다.

그런데 이때, "자꾸 그런 식으로 말씀하시면, 저는 좋습니다" 라고 하면 재미가 생긴다.

"제가 야구선수도 아닌데 사인해달라고 하고. 음식점에서 반찬 좀 더 주는 건 상당히 좋은 일입니다."[1]

2004년 총선 직후 갑작스러운 인기 폭발의 경험에 대해 언론에서 노회찬 의원이 한 이야기다. 이런 반전 화법이야말로 '의도적 아이러니'의 대표적인 방법이다. 이 방법은 매우 강력해서 자주 사람들의 마음을 쥐락펴락한다.

"그동안 하지 못했지만, 이제라도 하고 싶은 말이 있습니다." 방송에 나온 딸이 이렇게 말하는 순간이 있다. 다음에는 십중팔구 "엄마 사랑해" 같은 말이 따라온다. 감동적이고, 식상하다.

이럴 때 좌중을 뒤집어지게 하려면 반전 화법을 사용하면 된다.

"그동안 하지 못했지만, 이제라도 하고 싶은 말이 있습니다. 엄마, 돈 갚아."

비법 2. 다른 차원의 말 함께 사용하기

차원이 다른 말들을 함께 사용하면 말이 재밌어진다. 나와 아이의 대화를 사례로 들어보자.

"우리 내년에 이사해야 할 것 같아."
"아빠, 나 이사하기 싫어."
"왜?"

"레고 모형 부서지잖아."

이럴 때 웃음이 나온다.

한쪽은 집안의 대사인 이사에 대해 이야기하는데, 한쪽은 전혀 다른 수준의 문제를 거론한다. "나는 세상을 바꾸기 위해 오늘 빨래를 하겠어" 같은 말도 마찬가지다. 분야와 층위가 다른 관념과 용어를 자유자재로 작동시킬 수 있다면 이런 말하기가 가능하다.

재치만으로 되는 일이 아니다. 세상에 대한 다층적 이해가 바탕이 되어야 가능한 유머다. 전문가라고 해서 할 수 있는 것도 아니다. 전문가들의 머릿속에는 대체로 한 분야의 지식만 집중적으로 들어 있다. 당연히 사용하는 용어, 말의 수준도 늘 동일하다.

그러나 노회찬 의원은 여러 분야를 폭넓게 이해하고 있었다. 사용하는 용어와 말의 수준이 여러 층을 넘나들었다. 이렇게 말이다.

"법원 행정을 책임지는 사람하고 청와대 민정수석이 수백 통 했다는 얘기는 주로 판결에 관련된 거 아니고서는 법원에 비가 샜는지 이런 것 때문에 전화를 한 건 아니지 않겠습니까?"[2]

"총 열두 명의 우주인이 여섯 차례에 걸쳐 달에 착륙한 바 있습니다. 아직도 아폴로 11호가 달에 착륙하지 않았다는 의혹이 있습니다. 태블릿PC도 마찬가지입니다."[3]

비법 3. 유행어 혹은 시대 감각을 더하기

센스 있는 사람들은 종종 당대의 유행어를 결합해 말한다. 이는 유행어를 둘러싼 대중의 시선, 상식과 눈을 맞추며 시대와 호흡하려는 노력이기도 하다.

2017년 대선 당시 노회찬 의원은 심상정 후보의 선거대책위원장이었고, 나는 홍보본부장이었다. 수차례 진행한 슬로건 논의를 마무리해야 할 때가 왔다. 선거대책위원회 회의가 열렸다. 그 직전까지 당은 임시로 몇 가지 슬로건을 쓰고 있었다. 그 가운데 하나가 '우리는 대통령보다 큰 꿈을 꿉니다'였다.

촛불 집회로 인해 시작된 조기 대선이니만큼, 제왕적 대통령제의 폐해를 넘어 새로운 대한민국을 어떻게 만들 것인가를 압축적으로 보여줄 슬로건이 필요했다. 이정미 전략기획본부장이 말을 꺼냈다.

"최근에 사용하고 있는 슬로건인데요, 우리는 대통령보다 큰 꿈을 꿉니다 어떤가요."

노회찬 선대위원장이 질문했다.

"무슨 뜻인가요?"

"단지 대통령이 되는 게 목표가 아니고 그보다 더 큰 꿈, 그러니까 대한민국을 바꾸겠다는 꿈을 꾸며 출마하였다는 뜻입니다." 이정미 본부장이 대답했다.

"구호가 추상적이지 않나요? 사람들이 못 알아들을 것 같은데요." 노회찬 의원이 계속 혼잣말을 이어갔다. "대통령보다 큰 꿈? 제왕적 대통령?"

사람들이 포복절도했다. 노회찬 의원이 "대통령보다 큰 꿈?"이라며 고개를 갸웃하는 순간 나는 혼자 '유엔 사무총장'이라고 말했다. 그 맥락에서 '유엔 사무총장'보다는 '제왕적 대통령'이 월등한 유머였다. 혼자서 '졌다'고 생각했다.

〈노유진 2〉에서 노회찬 의원은 공수처를 이렇게 설명했다.

> "지금 제왕적 대통령도 문제지만, '거의 제왕적 검찰권' 행사와 관련해서도 사회적 견제가 들어갈 필요가 있습니다."

바로 옆에서 듣고 있던 나는, '거의 제왕적 검찰권'이라는 표현에 살짝 감탄했다.[4] 그 순간에 만들어낸 말이 분명했는데, 녹음실에 폭소가 터졌다.

다른 사례를 보자.

> "4대강과 부자 감세는 서민들에게 신종 플루 비슷한 겁니다. 확진 상태죠. 국민을 살릴 건지, 4대강 살릴 건지 결단해야 합니다."[5]

오직 신종 플루가 유행할 때 사용할 수 있는 맞춤형 유머다. 건국절 논란을 비판할 때도 그랬다.

"자유한국당의 정신적 지주, 원천이 자유당으로까지 올라가고 더 올라가서 친일 부역 세력들까지 올라간다는 뜻이라고 본다." "불필요한 역사 논쟁에 자꾸 끌고 가는 건데 성찰 또는 새로운 혁신으로 극복하려고 하지 않고 통증을 무마시키는 마약 주사 같은 것이다. 프로포폴 주사 같은 걸 자꾸 맞는 것이다"[6]

연예인 프로포폴 주사가 문제가 될 때였다. 딱 그 당시에 효과 만점이었던 표현이다.

2016년 총선 때 국민의당은 야권 연대에 부정적이었는데, 당시 노회찬 의원은 한 방송에서 국민의당을 신랄하게 비판하며 이렇게 말했다.

"그래서 제가 의심하는 거예요. 귀하는 야당인가 여당인가. 밝혀 달라. 알고 싶다. 그것이 알고 싶다 이거예요. 이제는 말할 때가 됐다 이거예요."[7]

〈그것이 알고 싶다〉, 〈이제는 말할 수 있다〉 등 TV프로그램 제목을 재치 있게 활용한 사례였다.

비법 4. 의미가 있는 침소봉대

별 것 아닌 상황에 과장된 의미를 부여해도 웃음이 터진다. 아이러니의 또 다른 유형이다.

6411번 버스와 '투명인간'을 언급해 유명한 2012년 진보정의당 당대표 수락 연설에서 노회찬 의원의 첫마디는 다음과 같았다.

> "최고위원은 꽃다발 하나 주는데, 당대표는 3개씩 주는 이런 불평등과 예산 낭비를 근절하겠습니다."

당대표와 최고위원에게 주는 꽃다발의 개수의 차이를 '불평등'과 '예산 낭비'라는 말과 연결시켰다. 전혀 문제될 게 없고, 양해가 가능한 별 것 아닌 일에 큰 의미를 부여했다. 누구나 그것이 농담이라고 인식할 수 있다. 물론 큰 웃음이 터졌다.

반대로 심각한 일을 별 것 아닌 것처럼 말하는 방식도 있다.

삼성 X파일 사건으로 의원직을 상실한 후 노회찬 의원이 당직자들 앞에서 했던 말을 적는다.

> "물의를 빚어 죄송합니다."

기득권 세력으로 인해 의원직을 잃었으나 계속해서 싸워나가겠다는 결의에 찬 선언이 나올 것으로 생각한 당직자들의 기대와 마치 자신이 잘못해서 소동을 일으켰다는 듯한 노회찬 의원의 말의 불일치. 심각한 일을 별 것 아닌 듯이 툭 던지는 그의 말에 당직자들이 활짝 웃었고, 마음은 더 단단해졌다.

1 〈백지연의 뉴스Q〉, YTN, 2004.4.22.
2 〈김어준의 뉴스공장〉, tbs FM, 2018.1.24.
3 제20대 국회 국정감사, 2017.10.23.
4 강상구, "'삼겹살 불판론' 히트시킨 노회찬 유머의 비밀",
  〈오마이뉴스〉, 2018.10.4. 이 기고 글을 일부 수정함.
5 〈100분토론〉, MBC, 2009.11.19.
6 〈김어준의 뉴스공장〉, tbs FM, 2017.8.16.
7 〈김어준의 파파이스〉 84회, 2016.2.5.

5.

세상을 바꾸는 말은 무엇이 다른가

정치가
친절한 언어를
만나면

노회찬 의원은 진정성을 '친절함'에 담기 바랐다.

뜨거운 커피를 마실 때는 손잡이가 달린 컵이 필요하다.

손잡이 없는 컵에 담긴 뜨거운 커피는 친절함 없는 진정성이다.

말은 결국 상대방에게 나의 의견을 밝히는 일이다. 대화든, 토론이든, 연설이든 다 그렇다. 내가 말하려는 내용이 진짜 나의 것인가. 자신의 말에 얼마나 진정성을 갖고 있는가. 이 점이 중요하다.

제 아무리 뜨거운 진정성이라도
손잡이 달린 컵에 담아야

그런데 진정성이 너무 넘치면 좀 힘들다.

"변절하지 않고 싸우는 것만이 최상인 시기가 있었습니다, 오랫동안. 또 그것만으로도 '참 훌륭하다'고 평가받아 마땅한 시기가 있었지만 지금은 그것 가지고 안 된다는 거죠. 오히려 거기에만 계속 머물러 있으면 아주 낡은

게 되죠. 대중은 '나 한번 웃겨봐'나 '날 한번 감동시켜봐'
인데, '난 근엄해' 뭐 이런 식으로 안 된다는 거죠. 그런 점
에서 저는 진보 정당의 활동 방식, 고유한 문화 같은 게 더
필요하다고 봅니다."[1]

혼자만 진정성 넘치는 사람은 엄숙함이 물을 끓일 정도로
뜨겁기 마련이다. 진보 정치는 대개 이런 사람이 맡아 왔다. 언
제나 100도. 노회찬 의원은 오래전부터 이 점을 바꾸고 싶어
했다.

"이건 몸에 꼭 필요하고 좋다. 그 믿음으로 대바늘로
사람 찌르려고 하니까 다른 데로 다 도망가지 않느냐. 무
서워서라도."[2]

무서운 얼굴로 큰 주삿바늘을 들고 있는 의사 선생님이 있
다면, 가고 싶지 않은 게 인지상정이다. 진보 정치가 그런 엄한
의사 선생님이었다.

혼자만 진정성 가득한 사람이나 조직은 필연적으로 비판
적이고 냉소적일 수밖에 없다. 자기보다 진정성 있는 사람이
없고, 자신들보다 진정성 넘치는 조직이 없으니 그럴 수밖에.
좌파가 친절하지 않은 이유다.

"불행히도 좌파 앞에는 '친절한'이란 개념이 안 떠오르
지요. 좌파 하면 좀 건방진, 비판만 하는, 냉소적인, 이런

이미지가 먼저 떠오르고. 원래 좌파의 힘은 그게 아닌데 말이에요."[3]

변영주 감독과의 대화에서 이 이야기를 한참 했다. 그게 우리 운동의 문제 중 하나라는 걸 노회찬 의원이 지적했다.

노회찬 의원은 진정성을 '친절함'에 담기 바랐다. 뜨거운 커피를 마실 때는 손잡이가 달린 컵이 필요하다. 그래야 입을 데지 않고, 천천히 커피의 깊은 향을 느낄 수 있다. 손잡이 없는 컵에 담긴 뜨거운 커피는 친절함 없는 진정성이다.

"쇼는 안 한다"

진정성이 넘쳐 지나치게 무거운 진보정치를 바꾸기 위해 노회찬 의원은 말하자면, 홀로 분투한 셈이다. 그러나 그가 '재밌는 말'에만 몰두한 건 당연히 아니다. 그는 직설적으로 이렇게 이야기했다.

"쇼는 안 한다. 진보를 대중화시키기 위해서 그 전에 하고 싶었던 여러 시도를 하고 싶고 더 다가서는 게 훨씬 더 중요하다고 생각은 하지만, 없는 걸 있다고 하거나 있는 걸 없다고 하는 식으로 쇼를 할 순 없다. 그렇게까지 하면서 정치를 하고 싶지는 않다."[4]

이런 말도 했다.

"가치를 배신하고 이익을 얻으면 뭐하냐 이거죠 (…) 둘 중 하나를 버려야 된다면 이익을 버려야지, 가치를 버릴 순 없다는 거죠. 그건 나중에 삶이 불행할 거예요. 삶이 스스로 떳떳하지 못한데. 남들이 안 알아주는 것은 참을 수 있단 말예요. 그런데 자기가 자기를 안 알아주면 이건 굉장히 골치 아픈 일이에요. 존재가 흔들려 버리는데."[5]

이런 원칙 아래에서 그는 다양한 시도에 대해 관심을 가졌는데, 그 시도의 방향타가 바로 '친절함'이었다. 그래서 그는 자신의 관점과 활동을 대중들에게 '친절하게' 말하기 위해 그토록 애를 썼다.

노회찬 의원이 소통을 무엇보다 중요하게 여겼던 것도, 인터넷 접속권에 대해 누구보다 관심이 많았던 것도 그 때문이었다.

친절하게 다가가 즐거운 새 광장을 연 얼리어댑터 노회찬

그는 누구보다 얼리어댑터였다. 신문물에 관심이 많아서라기보다는, 사람들에게 친절하게 다가가기 위해서 그랬다.

"진보 운동이란 것이 무엇인가요? 그것은 사람들에게 다가가고, 사람들과 더불어 세상을 변화시키는 노력이지요."[6]

언제 어디서나 사람들에게 다가가기 위해 그는 '운동권에서 최초로 핸드폰을 사용하는 사람'이 되었다.[7] 큰돈을 들여 넷북을 구입하기도 했고, 누구보다 먼저 아이폰을 샀다. 진보신당 중앙당 소속 모든 활동가에게 아이폰을 지급하기도 했다.

심지어 노회찬 의원은 트위터를 사용하기 시작한 날을 자신의 두 번째 생일로 삼았다.

> "나에게 7월 6일은 또 하나의 생일이다. 원래 태어난 날이 8월 31일이니 나는 두 번 태어난 셈이다. 물론 2009년 7월 6일, 생소하기만 한 트위터를 시작할 때 나는 내가 새로 태어났다는 사실을 전혀 알지 못했다. 알 수 없었고 알려주는 이도 없었다. 7월 6일 이후 새로운 삶의 방식, 새로운 삶의 관계 속에서 그 이전과 전혀 다른 새로운 삶이 시작되었다는 것을 제대로 느낀 것은 트위터 생활 6개월도 더 지나서였다." (〈난중일기〉, 2010년 7월 7일)

음력 생일과의 오랜 대결 끝에 겨우 승기를 잡은 양력 생일이 경악할 만한 일이다. 또 하나의 생일이라니. 노회찬 의원은 트위터를 통해, 평소에는 도저히 만날 수 없는 사람들을 만날 수 있어 매우 기뻐했다.

> "우연히 트위터로 그림 얘기 나누다가 트윗 친구들과 인사동 전시회 번개까지 진출한 적도 있었다. 밤 9시에 올 수 있냐는 연락이 와서 11시 넘어 찾아간 이수파 번개 자

리에는 20대부터 40대까지 나의 직업과 행동 반경 속에서는 평소 도저히 만나기 어려운 다양한 직업과 경력을 가진 분들이 기다리고 있었다. 재미 삼아 올린 식탁 사진 구석에 있는 막걸리 병을 보고 남원의 트윗 친구가 막걸리 한 박스를 보내준 일. 그 막걸리 처분하느라 번개 때렸다가 70명이 오는 바람에 십여 분만에 막걸리가 동이 난 일은 지금도 즐거운 추억으로 남아있다." (〈난중일기〉, 2010년 7월 7일)

SNS가 만들어놓은 만남의 광장에서 '친절한 회찬 씨'는 무척 즐거웠다. 노회찬 의원의 새 친구들도 그랬으리라 믿는다. 그 광장 덕에 노회찬 어록은 더욱 풍성해졌다.

1 첸, "노회찬-민주노동당 사무총장", 〈퍼슨웹〉, 2003.1.1.
https://personweb.com/2003/01/01/노회찬-민주노동당-사무총장/

2 노회찬 외, 『진보의 재탄생-노회찬과의 대화』 (꾸리에, 2010), 115쪽.

3 앞의 책, 180쪽.

4 앞의 책, 149쪽.

5 앞의 책, 152쪽.

6 앞의 책, 204쪽.

7 앞의 책, 202쪽.

냉소가 아닌
풍자를 하면
사정이 달라진다

정치 혐오와 냉소주의, 무관심을 넘어 노회찬 의원의 유머는

정치에 대한 관심을 다시 불러일으켰다. 그의 풍자는 무엇보다, 재미있었다.

전 세계 많은 나라에서 국회의원은 '가장 못 믿을 직업' 1위다.[1] 한국에서도 이들은 늘 싸움만 하고 일은 안 한다고 평가받는다. 맞기도 하고 틀리기도 한 말이다.

엄밀하게 말하면 국회의원은 싸우는 게 일이다. 정치가 원래 그런 것이다. 국민을 대신해서 싸우는 것이 정치다. 정치인이 대신 싸우지 않으면 국민이 직접 싸우게 되는데, 그러면 사회가 매우 혼란스러워진다. 사회 전체의 갈등 비용을 줄이기 위해 근대 이후 지금과 같은 형태의 정치 제도가 발명됐다.

정치 혐오는 누가 만드는가

그 점을 알게 되더라도 한국 국민들이 정치에 호감을 느끼긴 어렵다. 만연한 '정치 혐오'의 가장 큰 원인은 정치권 스스로 제공했다. 막말과 암투가 난무하는 곳에서는 '게임의 룰'이 작

동할 수 없다. 공정한 경쟁이 가능한지도 의문이다. 그러니 정치에 대한 국민의 신뢰가 있을 리 없다.

이런 문화 속에서 정치에 대한 무관심이 퍼진다. 하지만 국민이 정치에 무관심하면, 가장 이익을 보는 자들은 기득권 세력이다. 정치의 효용을 누구보다 잘 아는 기득권 세력은 온갖 방법으로 정치를 이용하고, 가진 것 없는 국민들은 나쁜 정치에 이용당한다.

물론 국민이 언제나 정치에 무관심한 것은 아니다. 정치가 드라마보다 더 드라마 같고, 영화보다 더 영화 같을 때가 많기 때문이다. 정경유착, 뇌물 수수, 언론 개입뿐만 아니라 입시 비리, 취업 청탁, 성범죄 등 장르를 가리지 않고 온갖 일들이 펼쳐진다. 이럴 때마다 정치를 향한 국민의 관심은 커지고, 국민의 힘으로 종종 정치가 제자리를 잡아나가는 것처럼 보인다. 그러나 정치에 대한 국민의 관심이 극대화됐을 때조차도 먹고사느라 정치에 통 관심이 없는 사람도 많다. '정치인의 시간'이 돌아오면, 다시 정치 혐오가 양산된다.

싸움의 상대마저 웃게 한 말의 힘

정치 혐오와 냉소주의, 무관심을 넘어 노회찬 의원의 유머는 정치에 대한 관심을 다시 불러일으켰다. 그의 풍자는 무엇보다, 재미있었다. 재미는 관심을 촉발한다.

노회찬 의원은 정치의 본령이면서도 정치인을 싫어할 수밖에 없도록 만드는 정치 세력간의 싸움조차도 미소 띠며 바라보게 만들었다. 그가 TV토론에서 쏟아냈던 주옥같은 말들이 모두 그런 역할을 했다. 심지어 그는 싸움의 상대마저 웃게 만들었다.

2004년 총선을 앞두고 방송된 한 TV토론에서 있었던 일이다. 늘 그렇듯이 토론자들은 사회자의 제지를 무시하고 자기 말만 하기에 바빴다. 요즘 예능에서 하는 말로 계속해서 '오디오가 겹쳤다.' 이 상황을 노회찬 의원이 정리했다.

> "밖에서는 국민을 괴롭히더니, 안에서는 사회자를 괴롭히네요."[2]

이 말을 통해 노회찬 의원은 발언을 독점하려는 토론자들을 한순간에 제압했다. 토론을 지켜보던 국민을 일거에 노회찬의 편으로 만든 것은 물론이었다. 놀라운 일은, 제압 당한 참석자들도 한꺼번에 웃었다는 사실이다. 노회찬 의원의 위력이 발휘되는 순간이었다.

"제 얘기 좀 들어보세요", "거 혼자만 일방적으로 말하지 마세요", "사회자의 진행을 좀 존중해주세요" 등 할 수 있는 말은 많았다. 그러나 상대에게 직접적으로 가하는 직설보다 더 강력한 건 행위를 희화화하면서 그 본질을 예리하게 지적하는 유머였다. 노회찬 의원이 하는 정치는 이렇게 재미있었다.

눈살 찌푸릴 장면을
눈웃음 짓게 만드는 장면으로

그는 정치인이 만들어낸 눈살 찌푸릴 장면을, 눈웃음 짓게 만드는 장면으로 전환하는 신비로운 능력을 선보이기도 했다.

"법무부장관님, 〈알쓸신잡〉이라고 아세요?" "저는 지금 '알아두면 쓸 데 있는 것'을 말씀드리려 합니다."

국회 법제사법위원회 종합감사에서 최순실의 태블릿 PC 속 파일이 기록된 시간에 문제가 있다며 김진태 의원이 집요하게 물고 늘어졌다. 눈살 찌푸리기 딱 좋은 장면이었다. 노회찬 의원이 연유를 상세히 설명한다. 영국과 한국의 시차, 그리니치 표준시 등 복잡한 내용이었다. 자칫 지루했을 이야기. 여기서 노회찬 의원이 〈알쓸신잡〉을 거론하며 "알아두면 쓸 데 있는 것"을 설명하자, 좌중에 웃음이 퍼졌다. 감동과 재미 두 마리 토끼는 이럴 때 잡힌다.

유머 감각을 활용해 최악의 장면을 최선의 장면으로 바꾼 일화도 있다. 조원진 의원이 주연이었다. 2017년 이낙연 총리 후보자 임명 동의안을 국회에서 표결하면서 작은 소동이 있었다. 당시 새누리당 소속이었던 조원진 의원이, 나중에 대한애국당의 투사가 된 분답게 포효했다. 날치기라며 항의하는 그의 모습을 노회찬 의원이 스마트폰으로 찍는다.

제목이 압권이다. '노회찬의 노룩라이브 with 조원진 의원' 기막힌 패러디다. 과거 김무성 새누리당 의원의 '노룩 패스'는 대한민국 국회의원의 기개를 만방에 떨친 사건이었으니 패러디의 대상이 되기에 마땅했다. 해외 출장 후 입국장에서 보좌진 쪽은 보지도 않은 채 여행용 가방을 밀어 전달했던 유명한 사건 말이다. 노회찬 의원이 그 기대를 살렸다. 이런 설명이 붙었다.

> "국회 난동의 역사적 기록으로서 보존 가치가 있어 촬영했습니다. 기록은 하고 싶었지만 직접 보고 싶지는 않았습니다."

노회찬 의원의 패러디로 대한민국 정치에는 김무성의 억지스러운 권위와 조원진의 막무가내만 있는 것은 아니라는 점에 국민들은 안심했다. 노회찬 의원은 정치를 혐오하게 만드는 행위마저 정치를 재미있게 만드는 소재로 활용했다. 이쯤되면 노회찬 의원이 김무성, 조원진 두 사람도 살린 셈이다.

노회찬 의원의 유머로 촉발된 정치에 대한 국민의 관심. 이 관심이 지난 십수 년간 한국 정치 발전의 동력이자, 촛불의 힘이었다면 과장일까.

---

1   고영태, "가장 못 믿을 직업 1위 정치인…과학자 가장 신뢰", KBS, 2019.9.23.
2   〈100인 토론-어떻게 생각하십니까〉, KBS, 2004.4.

오직 삶의 흐름 속에서만 말은 그 의미를 지닌다

각자의 삶의 스토리, 양극화의 시대, 차별의 시대, 기후변화의 시대에도

시대적 난제를 이겨내며 자신의 삶을 소중하게 가꿔온

그 스토리들이 쌓이는 만큼 사회가 나아진다고 확신한다.

2017년의 일로 기억한다. 정의당 당직·공직자 대상 교육의 마지막 순서였던 성평등 교육을 다 받은 사람들이 강의장 밖으로 쏟아져 나왔다. 왁자지껄. 연수원장이었던 나는 온종일 강의를 듣느라 고생한 분들께 일일이 인사를 드리고 있었다.

곳곳에서 강의를 칭찬하는 소리가 들렸다. "오늘 강의 참 좋았어요", "다시 한번 들을 수 있으면 좋겠어요", "사람들이 좀 더 많이 왔어야 하는데."

그때 노회찬 의원이 봄꽃 같은 표정으로 내게 다가와서 말했다.

"내가 훨씬 나은 사람이 된 것 같아. 허허"

깜짝 놀랐다. 더 이상 어떻게, 더 나은 인간이 될 수 있는 거지? 라고 생각했다. 차라리 "내가 간밤에 키가 더 큰 것 같

아. 허허"라고 말했다면 믿었을까.

"내가 훨씬 나은 사람이 된 것 같아"

노회찬 의원이 그 비슷한 말을 몇 차례 더 했었다는 건 한참 뒤에 알게 됐다.

> "누군가 살아오면서 '너에게 가장 큰 영향을 미친 스승이 누구냐'고 묻는다면 영등포 기계공업고등학교에서 만난 동료들이 나의 가장 큰 스승이라고 말하고 싶습니다. 제가 용접을 배우러 청소년 직업학교에 다녔었거든요. 어찌 보면 그 사람들은 나보다 나이도 많지 않고 학식도 높지 않아요. 흔히 생각하는 기준으로 보면 스승이 될 수 없는 사람들일지도 모르죠. 저는 좋은 선배한테도, 정말 훌륭한 교수님들한테 배웠지만 직업학교 동료들에게서 배운 점들이 그에 못지않다고 생각합니다. 배움이라는 것은 꼭 지식이나 권위, 지혜에 국한되지 않으니까요. 그들과 관계를 맺으며 웃고 우는 과정에서 많은 것을 배웠습니다. 그러니 누구보다도 훌륭한 스승님이죠."[1]

처음부터 그랬던 건 아니다.

> "솔직히 말씀드려서 먼저 배운 사람으로서 힘들게 사는 사람들을 도와주러 간다는 심정으로 한 겁니다. 근데

하다가 그 생각이 없어졌어요. 이걸 하지 않았으면 몰랐을 여러 가지 일들을 새롭게 알게 되면서 내가 구원을 받고 있다. 내가 그때는 사람 되는 것 같다는 느낌을 많이 받았어요. 그 시절이 지금도 가장 행복했던 시절이에요."[2]

노회찬 의원은 스스로 노동자가 되었다. 대학을 다녔지만, 5.18 민주화운동 등을 거치면서 현장 노동자로서 살아야겠다고 다짐했다. 굳이 따지자면, 학생 출신 노동자 중 가장 앞선 세대다.

직업학교 졸업식 날이 대학 졸업식 날과 겹치자 그는 대학 졸업식을 포기한다. 그 결정도 노회찬 의원이 보다 나은 사람이 되기 위해 한 인생의 여러 선택 중 하나였다.

노회찬 의원은 평생의 동반자였던 김지선 님을 사랑하게 된 이유도 이렇게 설명했다.

"같이 살면, 제가 좀 더 나은 인간이 될 것 같다, 이런 생각이 들었습니다."[3]

"스승 속에서 살아온 것이다"

노회찬 의원에게는 다른 스승도 있었다. 그는 누구에게나 배울 점이 있다고 여겼다.

심지어 김문수도, 이재오, 장기표도 다 스승이었다. 세상에는 두 종류의 선생님이 있다. 하나는 스승, 하나는 반면교사.

스승한테서는 '저렇게 살아야겠다'를 배우고, 반면교사에게서는 '저렇게 살지 말아야겠다'는 가르침을 받는다. 그렇다면 세 사람은 노회찬 의원에게 스승이었을까, 반면교사였을까.

김문수는 부지런했고, 이재오는 현실적 수완가로서의 능력이 훌륭했으며, 장기표는 진지함이 돋보이는 사람이었다고 노회찬 의원은 평가한다.[4] 반면교사가 아니라 스승으로서의 접근이다.

도둑에게서 민첩함과 담대함을 배울 수 있고, 못된 정치인에게는 '미움 받을 용기'를 배울 수 있는 법이다. 이렇게 배울 수 있는 사람은 가르치는 사람보다 위대하다.

노회찬 의원은 자신의 삶을 이렇게 평가했다.

"스승 속에서 살아온 것이다."[5]

언제나 발전하기 위해 노력하는 사람의 삶은 아름답다. 발전하기 위해서는 늘 배워야 한다. 누구에게나 배울 점이 있다는 것을 아는 사람이 가장 많이 배우는 사람이다. 삶의 모든 계기에서 배울 점을 찾아낼 수 있다면 놀라운 능력이다.

만인의 스토리가 쌓여 사회가 된다

모든 사람의 삶은 제각각 배울 점이 있는 한 권의 책이고, 하나의 의미 있는 스토리다.

이렇게 복잡다단한 지금 세상에서 살아가는 자체가 훌륭하다. 그러니 모두의 인생은 멋진 스토리가 될 수 있다. 잠시 노동자로 살았던 정치인의 삶이 멋진 스토리가 되는데, 평생 노동자로 산 사람들의 삶이 왜 스토리가 되지 않겠나.

게다가 이 책의 독자들은 사회를 바꾸기 위한 크고 작은 일에 참여해왔던 사람들일 테니 의미 있는 스토리의 보유자들임에 틀림 없다.

촛불 집회에 참여했던 이의 사연은 모두, 역사를 바꾸는 개인의 스토리다. 그때 거리에 나왔던 1700만 명의 사람들은 저마다 1700만 개의 스토리를 가지고 모였다. 광화문 광장은 1700만 개의 스토리가 모인 이야기 마당이었다. 그 이야기들 덕에 우리의 정치는 역동적이 되었고, 역사는 길을 찾았다.

각자가 대한민국을 변화시키기 위해 노력해왔던 삶의 스토리, 양극화의 시대, 차별의 시대, 기후변화의 시대에도 시대적 난제를 이겨내며 자신의 삶을 소중하게 가꿔온 그 스토리들이 쌓이는 만큼 사회가 나아진다고 확신한다.

하루쯤 시간을 내어 내 삶의 스토리를 정리해보면 좋겠다. 정치인이 아니어도 말이다. 내가 얼마나 훌륭하게 삶을 살아내고 있는지, 나의 삶은 얼마나 감동적인지 새삼 깨닫는 순간이 올 것이다. 행복해지는 좋은 방법 가운데 하나다.

1 김정윤, "[노회찬]겨울철 낚시꾼이 행복한 이유", 〈바람, 지속가능을 말하다〉, 2012.11.16. https://yessbaram.tistory.com/1524

2 〈냄비받침〉, KBS, 2017.8.22.

3 〈시시콜콜택시〉 18회, 포항MBC, 2018.6.2.

4 노회찬 외, 『진보의 재탄생－노회찬과의 대화』 (꾸리에, 2010), 139쪽.

5 앞의 책, 139쪽.

노회찬이 바꾸고자 했던 것들

양극화와 혐오의 시대다. 가난한 사람은 더 가난해지고 부자는 더 부자가 되는 사회, 차별 받는 사람은 더 차별받고 혐오하는 사람은 더 혐오하는 사회다. 우리 사회를 예리하게 관찰하는 사람이라면 당연히 대조할 일이 많다.

> "한강 노들섬에 오페라하우스 등 문화·예술 시설을 짓는다며 4500억을 들이면서, 월급 70만 원씩 주던 오페라합창단을 집단해고하는 대한민국의 문화는 누구를 위한, 무엇을 위한 문화입니까?"[1]

한쪽 끝에는 권력층이 있고, 다른 한쪽 끝에는 노동자가 있다. 노회찬 의원은 그 간극을 좁히기 위해 불평등과 차별에 맞서 싸웠다.

> "많은 사람들이 최순실과 정유라를 거론합니다. 그러나 그들은 단지 불씨를 던졌을 뿐입니다. 이미 대한민국은 인화 물질로 가득 찬 화약고였습니다. 바로 불평등, 불공정이라는 인화 물질 말입니다."(제20대 국회 비교섭단체 대표 연설, 2017년 2월 9일)

민주화 이후에도
민주주의가 필요하다_불평등

민주주의가 진전되어도 불평등은 썩 개선되지 않았다. 민주화
이후에도 민주주의는 필요하다.

1인 1표제는 매우 중요한 원칙이다. 부자든 가난한 자든,
학벌이 좋든 나쁘든, 집이 없든 집이 100채든, 대통령이나 이
웃집 아저씨나 상관없이 1인 1표다. 모두 똑같은 정치적 권리
를 가진다. 사회적 불평등에도 불구하고 최소한 정치적 대리
인을 선출할 때는 똑같은 무게의 권리를 갖는 것, 민주주의의
핵심이다.

하지만, 1인 1표 민주주의가 만병통치약은 아니다. 노회찬
의원의 관심사는 1인 1표 민주주의를 뛰어넘었다. 똑같이 한
표를 갖고 있는 시민이지만 누구는 부자일 때 누군가는 가난
하고, 학벌 차이에 시달리고, 누군가는 집이 없어 평생 고생하
고, 무엇보다 그 처지가 세습된다면 그런 민주주의가 무슨 소
용이 있나. 그래서 민주화 이후에도 민주주의가 필요하다. 특
히 경제에서의 민주주의.

"아침에 자기 집이 아닌 남의 집에서 눈을 뜨는 국민
이 전체 국민의 절반입니다. 지금 대학 졸업한 청년 10명
중 3명은 내일 아침 출근할 직장이 없습니다. 내일 지하철
타고 버스 타고 출근하는, 자가용 몰고 출근하는 분들 중
의 절반은 정규직이 아닌 비정규직 직장에 출근하고 있습
니다. 아침이 기다려지지 않는 대한민국, 이게 오늘의 모

습입니다."[2]

노회찬 의원은 평생을 걸쳐 불평등에 도전했다. 노회찬 의원이 진보 정치에 매진했던 핵심적인 이유다. 당연히 노회찬 의원의 어록 가운데는 불평등을 지적하는 말이 다수다.

"(자율형사립고인) 하나고등학교가 무슨 강남북 교육 격차를 해소합니까? 강북에다가 루이비통 명품관을 지어 놓으면 강남북 격차가 해소됩니까? 강남북 부자들의 격차를 해소해줄 지는 몰라도 강남북 격차를 해소한 것은 아닙니다."[3]

부자들 간의 격차가 아니라 부자와 가난한 자의 격차를 줄이기 위해 노회찬 의원은 제대로 된 고용과 복지가 필요하다고 역설했다. 안정된 일자리와 복지는 불평등 해소를 위한 그의 주요 과제였다.

"좋은 노동, 제대로 된 고용과 함께 복지를 이야기할 때 건강한 해법이 나올 수 있습니다."[4]

프란치스코 교황이 취임 후에 쓴 책의 구절을 보며 기뻐하기도 했다.

"교황이 2013년 3월에 취임한 후에 쓰신 책에 놀라운 구절이 있어서, 제가 베껴 적기까지 했어요. '우리는 더 이상 보이지 않는 손과 보이지 않는 힘을 신뢰할 수 없다. 시장 만능에 맡길 수 없다.' 시장이 모든 걸 다 조화롭게 해주지 못할 거라는 말이죠." "여기 보면, '소득을 공평하게 배분하고 일자리를 창출하고, 이러한 보편적 복지국가로 나아가자…….' 당으로 치면 진보 정당입니다."[5]

사회에 장해가 되는 혐오의 뿌리_차별

인터뷰어의 질문은 "도전하고 싶은 우리 사회의 금기가 있나?"라는 것이었다. 이에 대해 노회찬 의원은 '차별 금지' 문제를 꺼냈다.

"최근 민감하게 논란이 된 것은 동성애자 차별 금지에 관한 것인데, 그것뿐이 아니라고 본다. 법이 난항을 겪은 것은 동성애 관련 조항 때문이지만, 우리 사회 전체를 놓고 보면 차별 의식 자체가 엄청 강하다. 〈개그콘서트〉를 좋아하는데 예전에 방송된 '황해'라는 코너에 문제 제기가 적었던 것이 몹시 가슴 아프다. 우리는 재미있다고 계속 보는데 당사자들에게는 모욕적이기 짝이 없는 코너. 여성 차별 등이 우리 사회의 생산력을 얼마나 갉아먹고 있는지, 우리 사회의 진화에 어떤 장애를 초래하고 있는지 알아야 한다."[6]

사람은 저마다 각자 특징이 있다. 그 특징 때문에 차별을 받는다. 경제적 불평등으로 이어지기도 한다. 행여 경제적 불평등이 해소되더라도 차별은 남는 경우도 많다.

어떤 사람이 있다. 그를 대통령은 '국민'이라 부른다. 전북 도지사는 자신을 '도민'이라 부른다. 어릴 때부터 '여자가 무슨'이라는 말을 들으며 살았다. 장애가 있고, 성소수자다. 고등학교를 졸업해 비정규직으로 일했다. 임대주택에 살고 있고, 지금은 노인이 됐다.

다른 사람과 똑같은 국민인 이 사람은 지역민, 여자, 장애인, 성소수자, 고졸, 비정규직, 노인이라고 불린다. 모두 이 사람의 특징이다. 그것이 이 사람을 차별하는 이유가 된다. 지방에 산다는 이유로, 여자라는 이유로, 장애인이라는 이유로, 성소수자라서, 대학을 못 나왔기 때문에, 비정규직 주제에, 임대주택에 사니까, 노인이라서, 키가 작아서, 뚱뚱하니까.

이들에 대한 차별은 대개 편견과 혐오로부터 나온다.

지검장: 어떤 점에서는 매우 똑똑한 진술을 많이 해서….
노회찬: 똑똑한 게 문제라니, 정신질환자는 무조건 바보라고 생각하느냐?
지검장: ……. (〈난중일기〉, 2004년 10월 5일)[7]

울산지방검찰청이 어떤 교수를 국가보안법 위반으로 기소한 사건이 있었다. 인터넷으로 북한을 옹호하는 글을 인터넷에 올렸던 모양이다. 노회찬 의원은 이 사람이 정신질환자인데 병원에 보내야지 왜 구속을 했느냐고 따져 물었다. 이에 대해 울산지검장의 답변이 '매우 똑똑한 진술을 해서'였다.

이런 게 편견이다. 편견이 담긴 말이 불쑥 튀어나와도 그게 문제라는 생각을 하기가 쉽지는 않다. 편견 속에 살아왔기 때문이다. 편견들은 모이고 모여 혐오가 된다.

'소수자에 대한 편견 또는 차별을 확산시키거나 조장하는 행위 또는 어떤 개인/집단에 대해 그들이 소수자로서의 속성을 가졌다는 이유로 멸시, 모욕, 위협하거나 그들에 대한 차별, 적의, 폭력을 선동하는 표현'이 혐오 표현이다.[8]

"미니스커트와 축하는 짧을수록 좋다."[9] "하여튼 여자들이란." "여자가 집에서 밥이나 하지 왜 운전을 해." "삼일한(여자는 삼일에 한 번씩 때려야 한다)."

사회고위층의 공식적 발언에서부터 보통 사람의 평범한 말까지 혐오 표현은 흔히 발견된다.

장애인에 대해서는 아예 장애 유형별로 혐오의 말이 개발되어 있다. '봉사', '절름발이', '앉은뱅이', '귀머거리', '모질이' 등이다. '시각장애인', '신체장애인', '청각장애인', '지적장애인'이라는 말은 혐오를 없애기 위한 노력으로 만들어진 말이다.

"차별 금지가 굉장히 중요하다고 생각한다. 우리나라는 차별금지법도 아직 통과시키지 못한 나라다. 그런 점에서 우리의 민주화는 아직 절반밖에 안 됐다."[10]

우리의 민주화가 아직 절반밖에 안 됐다고 말한 노회찬 의원의 지적은 전적으로 옳다.

*

2017년 대통령 선거 때, 심상정 후보는 TV토론에서 동성애는 찬반의 문제가 아니라고 말했다. 호응이 뜨거웠다. 곳곳에서 심상정 후보를 껴안고 우는 청년들이 나타났다. 노회찬 상임선대위원장이 이런 말로 심상정 후보 지지 유세를 했다.[11]

> "하나를 보면 열을 안다고 했습니다. 이번 동성애(이슈)에 가장 확실한 것은 차별이 있어서도 안 되고, 찬성반대의 대상도 아니라는 겁니다. 그대로 존중하라는 것입니다. 미술 좋아하는 사람 존중하고, 축구 좋아하는 사람 존중하고, 농구 안 하면 미칠 것 같은 사람 존중하면 되는 것 아닙니까? 내가 축구 좋아한다고 해서 농구 좋아하는 사람 차별할 겁니까?"

성소수자의 인권을 위해 애쓴 것으로 치면 심상정 의원보다도 노회찬 의원이 선배다. 2008년 서울 노원에서 지역구 의원으로 출마했을 때의 일이다. 나도 몇 차례 지원을 갔었다. 선거구 중 가장 번화한 사거리에서 유세를 할 때, 당시 TV에서 한창 유명했던 트랜스젠더 하리수 씨가 노회찬 의원을 지지하기 위해 함께 했었다. TV에서 보던 사람이 왔으니 좋은 일인데, 한편으로는 걱정도 됐다. 도움이 될까. 지금은 그때의 생각을 통렬히 반성한다.

"무슨 한 표 더 얻기 위해서 그 사람을 부를 거냐 말
거냐 논의하는 것도 불편했고, 그쪽도 부담을 안고 오는
건데, 선의로 오겠다는 것을 막는다는 것이 참 슬프기도
했어요. 그래서 오라 그랬고, 그날 같이 다녔어요. 왔다가
는 바람에 물론 우리 지지층으로부터 야단도 많이 맞았죠.
(…) 어찌 보면 그런 상황을 겪으면서 소수자 인권 운동을
더 열심히 해야겠다는 생각을 했어요. 우리 사회가 소수자
문제에 대해 여간 단단한 장벽을 가지고 있는 게 아니구나
하는 것을 절감했죠."[12]

성소수자에 대한 편견은 점차 나아지고 있다. 대부분은 당
사자들의 지난한 노력의 성과다. 그리고 아마 일부는 노회찬
의원 같은 사람들이 연대한 성과이기도 할 것이다.

그는 2008년 총선 이전에도 이미 성소수자에 대한 연대를
굳건히 했었다. '성전환자의 성별 변경 등에 관한 특별법안'을
대표 발의했고, 성적 지향과 성별 정체성을 차별 금지 사유로
포함한 '차별금지법'도 발의했다.

노회찬 의원이 2007년에 진행했던 성소수자들과의 정책
간담회는 아직도 기억하는 사람들이 꽤 있다. 무채색 양복을
교복처럼 입던 노회찬 의원이 빨간 남방을 입었다. 붉은 노을
보다 더 붉은 색이었다.

"무지개가 7가지 색깔이 공존해서 아름다운 빛을 내
듯이 여러분들이 있기에 세상은 더 아름다운 것."

그날 노회찬 의원은 무지개의 첫 색, 빨강을 담당했다.

그는 다양한 색깔의 사람들과 스스럼없이 대화할 수 있는 정치인이었다. 편견이 없었기 때문에 가능한 일이었다.

1 진보신당 대표 취임사, 2009.3.29.

2 〈일요토론〉, KBS, 2017.4.9.

3 〈100분 토론〉, MBC, 2010.5.18.

4 노회찬·유시민·진중권,『생각해봤어?』(웅진지식하우스, 2015), 314~315쪽.

5 앞의 책, 32~33쪽.

6 노회찬,『노회찬과 삼성 X파일』(이매진, 2012), 191쪽.

7 노회찬,『노회찬의 진심』(사회평론, 2019), 96쪽.

8 홍성수,『말이 칼이 될 때』(어크로스, 2018), 31쪽.

9 송영무 전 국방부장관이 2017년 11월 27일에 판문점 공동경비구역에 방문해 경비부대 격려 오찬에서 한 발언.

10 구영식·노회찬,『대한민국 진보 어디로 가는가』(비아북, 2014), 191쪽.

11 안양 평촌중앙공원에서의 심상정 대선 후보 지지 유세, 2017.5.6.

12 노회찬 외,『진보의 재탄생-노회찬과의 대화』(꾸리에, 2010), 263쪽.

나가며

노회찬처럼 말하려는 모든 이들의 건투를 빈다

"덕분에 많이 행복해졌습니다. 빚을 많이 졌는데 열심히 살아서 갚도록 할게요."

　"슬프고 눈물 흘리는 자들의 호민관, 정직하게 사는 사람들의 호빵맨."

　"이제 우리는 누가 위로해주나요."

　노회찬 의원의 장례식장에 수많은 사람들이 찾아왔다. 그들이 포스트잇에 남긴 문구 중 직접 사진으로 찍어 보관하고 있던 몇 개의 글들이다. 노회찬 의원 덕에 우리는 많이 행복했다.

　슬프고 눈물 흘리는 자들과 함께한 그는 우리에게 커다란 위로였다.

　"햇빛이 좋고 고운 바람 불면, 의원님 다녀가셨다고 기뻐할게요. 사랑합니다. 그리고 감사해요. 힘없는 백성들 사랑해주셔서. 잊지 않고 뒤따르는 삶을 살겠습니다."

　책을 쓰는 동안, 햇빛 좋은 날이면 이 문구를 자주 떠올렸다. 이 역시 포스트잇에 누군가 남긴 글이다. 삼겹살 불판론으로 촌철살인의 역사를 시작했던 노회찬 의원을 생각하며, 이렇게 글을 남긴 분도 계셨다.

"삼겹살 먹을 때마다 꼭 기억하겠습니다. 미안하고 미안합니다. 편히 쉬세요."

이 분은 삼겹살 자주 드시고 계실 거라 믿는다.

나의 이야기를 해주는 정치인, 내가 말하고 싶은 것을 대신 말해주는 정치인이 진짜 정치인이다. 노회찬 의원도 같은 생각이었다.

> "시청자들이 권영길 후보한테서 감동을 느낀 거도 '내가 모르는 이야기를 권영길이 하네'라든가 '권영길 정말 똑똑해. 논리 정연해'가 아니라, '내가 말하고 싶었던 거, 내 마음 속에 응어리졌던 걸 저 사람이 말하네'라고 느낄 때라는 거죠."[1]

노회찬 의원의 말에 우리가 감동했던 이유는 그가 내 마음 속의 말을 해주었기 때문이다. 그의 말과 함께 우리는 웃고 울었다. 정치가 이토록 사람들과 공감한 적이 있었던가.

독재 정권보다 민주주의 하에서 공감의 언어는 자란다. 약자가 강자에게 당당하게 말할 수 있는 사회가 민주주의 사회다. 그러니 노회찬처럼 말하는 사람이 많아진다면 그것은 대한민국의 민주주의도 함께 성장하고 있다는 증거일 것이다. 노회찬의 말이 약자의 무기가 되기를 진심으로 빈다.

불평등과 차별에 맞서 노회찬처럼 말하자.

1 첸, "노회찬-민주노동당 사무총장", 〈퍼슨웹〉, 2003.1.1. https://
personweb.com/2003/01/01/노회찬-민주노동당-사무총장/